マイナンバーで稼ぐ技術

士業・コンサルタントのための

横須賀輝尚
馬場亮治

飛鳥新社

士業・コンサルタントのためのマイナンバーで稼ぐ技術

はじめに

ついに、あなたが一発当てる絶好期がやって来ました。

これはバブル、いやゴールドラッシュ？　いったいどんな表現をすれば、このすごさを伝えられるでしょうか。

これ以上のチャンスは後にも先にもありません。「いま」だからこそ、成功できる瞬間がやって来たのです。

それは、二〇一六年一月から運用が始まる**「マイナンバー制度」**です。

本書を手に取ったあなたなら、マイナンバーのことはすでにご存じでしょう。マイナンバーは二〇一五年一〇月から、いよいよ通知が始まりました。

マイナンバーとは、簡単にいえば、個人にＩＤが振られる制度です。一人につき一つの番号が与えられ、社会保障や税制度などの手続きを行なう際には、この番号が必要になります。

マイナンバー対応に最も追われるのが、国内の企業です。企業は担当者を置いて、社内周知を行ない、情報管理規定をつくらなければなりません。

日本の大企業は一万社以上。中小企業にいたっては三〇〇万社以上になります。事業の規模に関係なく、マイナンバー対応はすべての企業にとって強制ですから、どんな会社でも、こぞって情報を集め、対応できる専門家を早急に探すことになります。

マイナンバー対応の最適な担い手はほかでもなく、行政書士、社会保険労務士、税理士などのいわゆる士業、そしてコンサルタントです。企業の身近にいて、法律や税金、労務管理、経営に携わる士業やコンサルタントが、マイナンバーの専門家として誰よりもふさわしい立場にいるといえます。

もう、おわかりでしょう。マイナンバーのおかげで、いまこそ新しく、かつ誰も手を付けていない広大なマーケットが生まれているのです。

経済効果としては一兆円とも二兆円ともいわれている、この新法施行。人口が減少し、国内市場も縮小傾向にあるなかで、**「この先もう二度と来ないビジネスチャンス」**

と、何度言っても言いすぎではないでしょう。

はじめまして、横須賀輝尚《よこすかてるひさ》といいます。二〇〇三年に行政書士として独立開業し、資格の仕事（法定業務）に精励する一方で、一〇年以上、士業に経営・営業コンサルティングを行なってきました。二〇〇七年から、士業向けの経営スクール『天才塾』を主宰し、これまで全国で延べ一六〇〇人以上の参加者を集め、二万件以上の相談を受けてきた、士業経営のプロフェッショナルです。

その私が、「このチャンスを決して見逃してほしくない」という一心で、本書を執筆しました。

この本はマイナンバーの実務対応の解説書ではありません。マイナンバーがもたらすビジネスチャンスの徹底活用本です。もっとストレートに言い換えれば、あなたがこのチャンスをお金に換えるための指南書になります。

なお、執筆パートナーとして、社会保険労務士の馬場亮治《ばばりょうじ》さんにご協力いただきました。私は行政書士なので、馬場さんに社会保険や就業規則・社内規程などの知識を補完していただいています。

本書は、ふたりの知恵の結晶を集めたものです。大きな声では言えないのですが、私と馬場さんが、コンサルタントとして稼いできた金額は合わせて一〇億円以上です。その頭脳を、この本で公開します。

本書は、士業はもちろん、資格のない経営・人事コンサルタントや、フットワーク軽く動ける個人事業主、小さな会社の経営者のために書いてあります。

これを読むことによって、マイナンバーのビジネス的重要性が理解でき、アイデア次第で多くの顧客を獲得して大きく稼ぐことができます。

マイナンバーは新しい制度のため、キャリア数十年のベテランでも「初めて」の対応になりますから、あなたがどんなに新人でも商機は平等にあるのです。

なぜ、そのようなことが言えるのか。それは、私自身が体現者だからです。

独立開業時の私は、当然無名でした。しかし、あるとき一気に士業業界内に名が知れ渡り、仕事も激増した経験があります。きっかけは、二〇〇六年の「新会社法」の施行でした。このチャンスにすかさずセミナーを行ない、ダイレクトメール（ＤＭ）を出し、書籍を出版して波に乗ることで、自分の事務所を拡大することができました。

そうした絶好のチャンスは、基本的には二度とやって来ないものです。私もあの波に飛び乗ることを躊躇《ちゅうちょ》していたら、事務所経営を続けることも、こうしてあなたにメッセージを送ることも、できなかったかもしれません。

さて、本書の内容は次のとおりです。

第1章では、マイナンバーが士業やコンサルタントにもたらすビジネスチャンスについて紹介しています。「チャンスと言われても……」といまは苦笑いしている人も、読み進めればきっと真剣な顔つきに変わるでしょう。企業にどんなニーズがあり、ビジネスチャンスが隠れているのかがわかります。

第2章では、マイナンバーの解説を念のために入れています。「いまさら聞けない」的なニュアンスなので、すでに知識がある人は読み飛ばしてもかまいません。

第3章では、企業のマイナンバー対応に対して、士業やコンサルタントが構築しておくべき「情報管理体制」を解説しています。マイナンバーを取り扱う士業・コンサルタント事務所にも、しっかりとした個人情報保護対策が必要だということです。

第4章は、士業がマイナンバー施行後も稼ぎ続けるための「仕組み」を解説した章です。まず、時代で変化してきた士業の栄枯盛衰を検証してから、士業業界のタブーに斬り込む覚悟で「売れない士業が売れるためにはどうすればいいか」という核心に迫ります。そのうえで、一〇年先も勝ち残る士業に必要な三つのビジネスモデルとマーケティングについて考えていきます。

第5章では、士業やコンサルタントがマイナンバーで稼げる実践的かつ具体的なビジネスアイデアを惜しみなく披露しました。私たち著者が実際にそれで利益を上げた秘策から、ふたりで知恵を絞った未公開アイデアまで収録しています。

もし、あなたがすでにビジネスで一定の成功を収めているのであれば、先に第5章を読んでください。いくら平等なチャンスといっても、最初にしかけた人が勝つ傾向は強いので、一刻も早く実践していただければと思います。

あまり品のない言い方は好きではないのですが、マイナンバービジネスは、「落ちているお金を拾う」ものに近いといえます。正直なところ、士業もコンサルタントも報酬額が下がり、今後の先行きも不透明な昨今、むしろ取り組まないリスクのほうが高いとさえいえます。

私は二〇〇三年に独立開業したとお伝えしましたが、そのときは何も持っていなかったのです。あるのは平均的な学歴のみ。しかも、それまで勤務していたベンチャー企業にリストラされて、途方に暮れていたところでした。そんな私が、何度もビジネスチャンスをつかみ取り、ここまでやって来たのです。

あなたにも必ずできます。「やれるかどうか」なんて誰にも前もってわかりはしないし、やらないと何も起こらないのです。

本書をきっかけに、ぜひこの二度とないチャンスを活かして、あなたの望む世界を手に入れてください。

横須賀輝尚

※本書の内容は二〇一五年一〇月一日現在の法令等に基づいています。

士業・コンサルタントのためのマイナンバーで稼ぐ技術 目次

第1章

なぜ、「マイナンバー」はビジネスチャンスなのか

第2章

知らないではすまされないマイナンバーの基本

第3章 士業・コンサルタント事務所の個人情報保護対策

第4章

マイナンバー時代を勝ち残る士業の超高収益戦略

第5章 いますぐ始める！ 実践マイナンバービジネス

装丁・本文デザイン/鈴木大輔・江﨑輝海(ソウルデザイン)
図版/増井瞳(パワーコンテンツジャパン㈱)
校正/㈱ヴェリタ
編集協力/重松美奈子

第1章

なぜ、「マイナンバー」はビジネスチャンスなのか

≫空前の「マイナンバーバブル」をつかみ取れ！

マイナンバーの導入は、士業やコンサルタントにとって「天啓」ともいえる最高のビジネスチャンスです。

いま士業業界は、まさにバブルの様相を呈しています。マイナンバーに関するセミナーを開けば満員御礼。参加費が一万円以上と高額でも、告知と同時に座席が埋まってしまいます。私のところには毎日のようにクライアントから、**「お金を払ってでもいいから、マイナンバーのことを教えてほしい」**という催促が来ている状態です。

いったいなぜ、これほどの活況になっているのでしょうか。

法改正・新法施行というものは、企業にとっても士業やコンサルタントにとっても一大事です。法律が変われば手続きが変わり、企業はその対応に追われ、士業やコンサルタントへさまざまな仕事を依頼することになるからです。

法改正の詳細を、企業側が知らないでいるケースは少なくありません。たとえば、二〇一四年に労働安全衛生法が改正され、職場のメンタルヘルス対策としてストレスチェックの実施が義務化されました。そのことを、士業やコンサルタントに指摘されて初めて気づいた企業も少なくないでしょう。

ですから、法改正の詳細情報を企業側に周知させるセミナーの開催や、資料の作成、提案といった多くの仕事が生まれます。**士業やコンサルタントの仕事が増えれば、報酬額を上げていくこともできます。**ここに第一のビジネスチャンスがあるのです。

ところで、法改正があったとしても、必ずしもすべての企業がすぐにその対応を迫られるわけではありません。通常ならば、新法によって企業に課せられる義務は、まず大企業から適用されるケースが大半です。

労働安全衛生法によるストレスチェックの実施も、従業員数が五〇人以上の事業所にのみ課せられた義務です。これに満たない中小企業は、現時点で義務化対象から除外されています。

しかし、マイナンバーは対象となる企業が限られていません。原則として、社会保険に加入しているすべての企業に適用されます。マイナンバーは社会保険や税関係などの行政手続きを伴うため、事業の規模に関係なく、雇用者が必ず取り扱わなければならないものなのです。

すべての企業がマイナンバー対応を迫られるので、圧倒的な企業の数が、そのまま顧客の数となりえます。ここが、限られた顧客しか生まない他の法改正との決定的な違いです。

通常の法改正では、従業員全員が細かな内容まで知っているケースは少なく、直接対応を迫られる経営者や担当者だけが把握していることが一般的です。そのため、法改正が行なわれたこと自体がそれほど気づかれない場合も多いわけです。

しかし、マイナンバーは国民全員に通知されるので、企業経営者や雇用者だけでなく、あらゆる人に意識づけされることになります。

言い換えれば、士業やコンサルタントが啓蒙活動や営業をしなくても、すべての企業はマイナンバー対応の必要性を認識できていて、士業やコンサルタントの顧客になる可能性があるということです。

これほど画期的な法改正・新法施行は決して多くないのが実情です。

≫ベテランも新人もこのチャンスの前では横一線

「でも、自分はマイナンバーの専門家でもないし、この分野を勉強してきたわけでもないのですが……」

たしかにそうでしょう。いまが絶好のチャンスだとわかっていても、この本を手に取ったあなたは、おそらくマイナンバーの専門家ではないはずです。

日本には、これまでマイナンバーの専門家は一人としていなかったのです。いまでこそマイナンバーを専門にする士業やコンサルタントが出てきていますが、そのほとんどが最近、準備を始めたばかりにすぎません。全員が、ほぼ同じスタートラインに立っているのです。

あなたが新人でもベテランでも、新しい法律となれば、誰もが一年生です。**実務経験の差はあるかもしれませんが、この新法に関する知識のレベルにさほどの違いはないはずです。**ですから、誰にでも平等にチャンスは用意されています。

少し古い話になりますが、一九八九年に開業した税理士は、周りにベテランの税理士がいても、対等以上に仕事が取れたといいます。その理由は「消費税」です。

これまで存在しなかった税制の導入で、ベテランも新人も対応に追われました。その際にいち早く消費税に対応できた税理士は、顧客の信頼を獲得して大躍進しました。

このように、法改正・新法施行に関わるタイミングでは、実力差や経験差がハンデになりにくいのです。開業して間もない人も、いままで仕事がうまくいっていなかった人も、一発逆転できるチャンスなのです。

≫マイナンバー対応が急務の理由は「罰則」

察しのいい人なら、もうすでにお気づきだと思います。

「マイナンバーに対応しないと、罰せられるのか?」ということです。

もちろん、法律である以上、それを守らないと罰せられる可能性があるわけです。

他の多くの法的義務に関しては、実は罰則規定はあまり強いものといえません。行政からの指導だけで済むこともあれば、数万円程度の罰金で解決できることもあります。ですから、企業としては、法的義務に対応する無駄な時間と労力があるなら、もっと業績向上のために時間を割きたいと考えてしまうわけです。

しかし、**マイナンバーは個人情報を取り扱うため、罰則規定が非常に重く決められています。**詳しくは第3章で説明しますが、情報漏洩《ろうえい》の状況によっては、四年以下の懲役または二〇〇万円以下の罰金という、他に類を見ない重さです。マイナンバー法は厳しい法律であり、すべての企業が例外なく、慎重に対応しなければならないものなのです。

このことはもちろん、士業やコンサルタントにとって強力なアドバンテージになります。

国が士業やコンサルタントのために宣伝してくれる？

マイナンバー対応の必要性に関しては、士業やコンサルタントが自ら一所懸命、営業を行なわなくても、政府が宣伝してくれます。政府のマイナンバー関連のウェブサイトでは、広報活動の一環でマスコットやパンフレットの転用も認められています。

また、テレビ・ラジオＣＭ、各種イベントなどで、「マイナンバー対応が重要」ということが盛んに告知されています。東京都内では、ＪＲ山手線で車内広告の動画が流れているほどです。

二〇一六年一月まで、こうした広報活動はさらに増えるでしょう。国としては法制度を大きく変える以上、マイナンバーの周知に血眼《ちまなこ》にならざるを得ないのです。

それだけ宣伝されていれば、マイナンバーがもたらすビジネスチャンスに気づいたライバルが増えることも考えられます。しかし、新しい法律である以上、スタートラインは全員横一線といえますから、ライバルの増加を過剰に警戒することもないでしょう。

むしろ、国を挙げての大宣伝のおかげで、世の中の企業がこぞって「マイナンバー対応をしなければならない」という意識になってくれるのなら、**これからしかけるビジネスを自前で宣伝する手間が省けるわけで、好都合です。**

「マイナンバー？　何それ？」という状況で、たとえばセミナーやコンサルティングを売っていくのは大変ですが、「マイナンバーへの対応って、どうしたらいいの？」

という人たちに商談を持ちかけるのは、決してむずかしい営業ではないのです。

マイナンバーで生まれるビジネスチャンス（顕在ニーズ）

それでは、マイナンバーの導入で、士業やコンサルタントにはどのようなビジネスチャンスがあるのでしょうか。

ビジネスチャンスとは、言い換えればマイナンバー対応を迫られる企業からのニーズですが、これには**「顕在ニーズ」**と**「潜在ニーズ」**があります。企業がすでに気づいているのが顕在ニーズです。それに対して、企業はまだ気づいていない、つまり士業やクライアントから言われて初めて気づくのが潜在ニーズです。

ここからは、そういうニーズを順番に見ていきましょう。

マイナンバーを理解したい、対応方法を知りたい

新しい法律であるため、**情報が「価値」になります。**

情報とは、たとえば「企業はどのようなマイナンバー対応を求められるか」などの基本事項から、「他社の取組状況がどこまで進んでいるか」といった事例や、「マイナンバーで何か新しいビジネスができないか」という応用的なアイデアまでを含みます。セミナーなどによる情報の提供は、いまや最も求められているビジネスです。「単純に情報が欲しい」という企業のニーズが強くあるので、基本的な内容のセミナーでも集客はむずかしくありません。

マイナンバーに関しては、念のため対応したほうがいいというレベルの話ではなく義務になるので、企業は正確な情報をいち早く手に入れなければならないのです。そして、基本情報が増えてくれば当然、応用編の耳寄りなニュースも欲しくなるわけです。

ですから、**企業側の求める確かな情報をいち早く集めることができれば、お金になります。**研修やコンサルティングなど、情報をお金に換える方法はじつにさまざまですが、いずれも大きな効果が期待できます。

マイナンバー対応を全従業員に周知したい

マイナンバーのセミナーに実際に参加して情報を取りにくるのは、企業の担当者でしょう。

しかし現実には、担当者一人が理解しただけでは不十分です。マイナンバーの取扱いを間違えば、会社に大きな損害を負わせてしまうことになりかねません。そのため、従業員一人ひとりへの周知と教育、つまり研修が必要になってくるわけです。

大企業なら、法務部、総務部、人事部あたりがマイナンバーの研修に対応する部署になるでしょう。しかし、中小企業では、担当者を置いて社内で研修を行なう余裕はありません。ところが、法律がそんな事情を考慮してくれることはなく、「知らなかった」せいで違反をすれば、厳しく罰せられます。

こうしたところから、研修代行というビジネスチャンスが生まれてくるのです。

規定・書式を整備したい

マイナンバーに対応した規定や書式の整備も、企業から求められています。

企業はマイナンバーの取扱いに関する社内規程をつくらなければならず、**就業規則の見直しなど、社会保険労務士の資格がなければ簡単にはできないこともあります。**

第2章で触れますが、企業は従業員のマイナンバーを預かるのは当然として、「社会保険の被扶養者」となっている従業員の家族のマイナンバーを預かるケースもあります。その際に、情報管理規定や預かり証などがない場合、マイナンバーの提出を渋る人も出てしまうでしょう。

昨今、個人情報に関する意識は過敏といえるほど高まり、何の保証もなく個人情報を明かしたくない人は多数います。そうした抵抗を避けるためにも、会社に個人情報の取扱いについての規定・書式があれば、スムーズに手続きを進めることが可能です。

社内システムを見直したい

マイナンバーは主に、社会保障・税関係の制度です。社会保険などの行政手続きにマイナンバーを利用することになるわけですが、場合によっては既存の申請書類やシステムでは対応できず、変更する必要が出てきます。

書面で申請手続きを行なっている場合は、マイナンバーに対応した申請書類を関係機関から手に入れるだけで済むでしょう。しかし、電子化されている場合には、マイナンバーに対応した業務用ソフトや、新しいＩＴシステムの導入、バージョンアップが必要になります。

この問題は士業やコンサルタントには直接関係ありませんが、ＩＴシステム企業にとっては、システムの総入替えなどで大金を得るチャンスになるといえます。

マイナンバーで生まれるビジネスチャンス（潜在ニーズ）

社会保険加入による資金需要

マイナンバー対応にはお金がかかります。そのため、企業側に資金需要が生まれます。今後は、助成金に関する仕事のニーズが強まることが予測されます。

とくに影響が大きいのは、**社会保険の未加入企業**でしょう。

原則として、法人の社会保険加入は義務であり強制です。しかし、それは法律上のことで、中小企業が社会保険に未加入の場合も、実態としては多く見られます。「お金がない以上、社会保険料が支払えない、仕方がないので未加入……」という状態が、長く続いてきたのです。

ところが、マイナンバーの導入がきっかけになって、社会保険の加入は促進される見込みです。なぜでしょうか。

これまで、社会保険と税金を統合するような制度はありませんでしたし、すり合わせも行なわれていませんでした。いわゆる「縦割り行政」といわれるものです。そのため、労働者個人の社会保険料と年収のデータに矛盾があっても、気づかれることは少なかったのです。法人に勤務していて、社会保険ではなく国民健康保険の加入者であっても、大した問題にはなりませんでした。

しかし、マイナンバー導入後は、個人の社会保険や納税状況のすり合わせが簡単にできます。つまり、企業が社会保険未加入かどうか、すぐに発覚してしまう可能性が出てくるのです。そのため、**社会保険労務士が取り扱う社会保険の手続き業務は増加するでしょう。**

社会保険の加入について、「なんだ、未加入なら入ればいいだけではないか」と思われるかもしれませんが、社会保険料の支払いが急に増えることは、資金繰りの厳しい中小企業にとって大きな負担になります。

「社会保険倒産」ということが一部でささやかれているように、社会保険の加入による金銭的な負担の増加で経営を圧迫される企業は、これから多数出てくるでしょう。そうならないために、中小企業における社会保険加入対策の一環として、資金需要が生まれるのです。

その影響で、社会保険労務士は、これまでより助成金の申請を提案しやすくなります。また、行政書士や税理士などの融資業務の専門家にとっても、大きなチャンスになるといえます。

優良企業の認定需要

二〇一五年からは厚生労働省によって**「安全衛生優良企業公表制度」**、通称**「優良企業認定」**がスタートしました。この制度は、有給休暇の消化率など、一定の条件を満たした企業を「優良企業」と認定し、厚生労働省のウェブサイトで公表するというものです。

マイナンバーの導入により社会保険の加入が促進され、企業の「ホワイト化」がより求められるようになっている現在、「それなら思い切って本物のホワイト企業を目指そう」という企業も出てくるでしょう。

そこで、マイナンバーの導入時にこうした制度も提案することで、さらなるニーズが望めるようになります。

Pマークや I S M Sの資格需要

「個人情報保護法」（41ページ参照）ができてからというもの、情報漏洩に非常に厳しい風潮になりました。マイナンバーが施行されれば、いっそうこの空気は強まると予測されます。

そこで、**「プライバシーマーク」**（以下Pマーク）や**「ＩＳＯ２７００１」**（以下ＩＳＭＳ）の資格ニーズが高まるでしょう。

Pマークとは、個人情報を適切に取り扱うための審査・認定制度です。Pマークの審査は、一般財団法人日本情報経済社会推進協会に指定された事業者団体が行ないます。取得申請に関しては、民間のコンサルティング会社に委託するケースが多く、数十万円から一〇〇万円ほど費用がかかるのが一般的です。

一方、ＩＳＭＳは、情報セキュリティマネジメントシステム（Information Security Management System）の頭文字を取ったもので、その仕組みの基準とされているのが、国際規格ＩＳＯ／ＩＥＣ２７００１／日本工業規格ＪＩＳＱ２７００１と呼ばれるものです。この基準を満たし、財団法人日本情報処理開発協会などの認証機関の審査をクリアすることによって、取得が可能です。

この二つの違いは、Ｐマークが主に個人情報の取扱いに関する認証であること、それに対してＩＳＭＳは企業における情報セキュリティの信頼性の証明になるもの、と考えればわかりやすいでしょう。

これらの資格の取得は、企業経営にとって優先順位が高いとはいえなかったので、これまでは比較的大きな企業が取得する傾向が強かったといえます。しかし、マイナンバーの導入に際して企業の信頼性を高められるという点で、いま改めて注目されています。

従業員の副業を認める制度需要

数十年前であれば、従業員の副業は禁止するものというのが当たり前でした。ところが、ここ数年、インターネットを通じて手軽に副業を始めることができるようになりました。

また、働き方も多様化してきているため、一概に副業を禁止し、露呈した場合は処罰するというのも、あまり現実的ではないという認識が強くなってきています。

これまでにも、副業はバレてしまう可能性があったわけですが、マイナンバーの導入によって行政の縦割り管理が解消されると、その露呈率はより高まると見られます。

そこで、従業員の副業をどのように規則化するのかという切り口から、労務コンサルティングに入っていくという需要も生じてくるでしょう。

「副業＝処罰」というあまりにも単純な公式は、現在の企業には当てはまりにくいといえます。そこで、会社への貢献度の高い優秀な授業員が副業をしていた場合などに備えた、**「副業を認めつつも会社に貢献してもらう仕組み」づくり**は、今後求められる労務管理の一つになります。

[　マイナンバーで生まれるビジネスチャンス　]

企業のニーズ		ビジネスチャンス（例）
顕在ニーズ	マイナンバーを理解したい、対応方法を知りたい	企業は単純にマイナンバー関連の情報が欲しい。そのため、セミナーのニーズが高まっている
	マイナンバー対応を全従業員に周知したい	企業内で周知を徹底しなければならなくなるため、研修が必要になってくる
	規定・書式を整備したい	就業規則の変更など、社会保険労務士の出番が増える（社内文書などは、社会保険労務士でなくてもつくることが可能）
	社内システムを見直したい	マイナンバーの記載が必要になる給与計算などのソフトやシステムは変更する必要が出てくる
潜在ニーズ	社会保険加入による資金需要	これまで社会保険に加入していなかった企業にとって、社会保険料の負担は大きい。助成金や融資の申請が増えることが考えられる
	優良企業の認定需要	企業のホワイト化が求められるようになり、厚生労働省の優良企業認定が促進される可能性が高まる
	ＰマークやＩＳＭＳの資格需要	情報管理体制構築のニーズに伴い、ＰマークやISMSの取得を目指す企業が増える可能性がある
	従業員の副業を認める制度需要	マイナンバーにより従業員の副業が露呈しやすくなるため、副業についてのアドバイスを求められるようになる

≫リスクを恐れず先手必勝！

いかがでしょうか。マイナンバーの導入で士業やコンサルタントは、これだけのビジネスチャンスを一気に手に入れることができます。

何か新しいルールが導入されたときは、いち早く対応できた人が成功します。身近な例でいえば、FacebookやTwitter、ブログなどが登場したとき、これらを活用するためのセミナーや書籍、教材が世の中に求められて、それを提供できた人は大きな利益を上げました。

法律が変われば、それに対応するための新しいノウハウが必ず求められ、それがビジネスになります。

こうした大変化のタイミングでは、何もしない、考えないのは大きなリスクです。いますぐ行動を起こさなければなりません。

なお、「マイナンバービジネス」の具体的なアイデアについては、第5章で詳しく紹介しています。

[第2章]

知らないではすまされないマイナンバーの基本

≫マイナンバー制度の概要

マイナンバーは、皆さんの手元に届いていると思います。そのため、マイナンバーについての基本的な知識は知っている人も多いはずですが、この章では、絶対に押さえておきたいポイントだけに絞って説明していきます。

そもそも、マイナンバーというのは、住民票を持つすべての人に一人一つの**12桁**の番号を付けて、**「社会保障」「税制度」「災害対策」**の三分野で効率的に情報を管理しようとするものです。

マイナンバー制度は、正確には**「社会保障・税番号制度」**と呼ばれます。この制度の施行により、すべての国民に固有の番号、つまりマイナンバーを割り当て、税務署や年金事務所など、複数の機関に存在する個人情報を紐《ひも》付けして、各機関の情報連携が可能になります。

日本ではこれまで、基礎年金番号、健康保険被保険者番号、パスポート番号、納税者番号、運転免許証番号、住民票コード、雇用保険被保険者番号などなど、各機関が個人に対して別個に番号を付けていました。それが統合されて、ひとまとめに管理されるようになります。

結果として、複数の機関に分かれて存在する個人情報が、同一人物のものであることが確認できるようになるわけです。

マイナンバーさえ照合すれば、その個人の氏名や性別、住所、電話番号、出生地、生年月日をはじめ、社会保障関係の納付、納税、各種免許、口座番号、犯罪歴などといった詳しい個人情報も、いずれはすべてわかるようになります。

ですから、マイナンバーは人のものでも自分のものでも、むやみに他人に教えると法律で厳しく罰せられます。

個人情報保護法とマイナンバー法の関係

ここで、個人情報保護法とマイナンバー法の関係を解説しましょう。

個人情報とは、ひと言でいえば**「特定の個人を識別できる」情報のすべて**です。代表的なのは、氏名や性別、住所、電話番号、出生地、生年月日などですが、それ以外にも、学歴や収入、家族構成、メールアドレス、自分の写真、さらには指紋など、一人の人間を識別しうる情報なら何でも個人情報です。

もっと広くいえば、インターネットの閲覧履歴やショッピング履歴、いつ、どこにいたかという位置情報なども、氏名と結びついて特定の個人が識別されるデータとして存在するならば、法律上は個人情報の一部といえます。

個人情報保護法とは、こういった個人情報を保護するための法律です。個人情報の有用性に配慮しながら個人の権利・利益を保護することを目的として立案され、二〇〇三年五月に成立・公布、二〇〇五年四月から全面施行になりました。

これにより、五〇〇〇件以上の個人情報を所持して事業に用いている事業者は「個人情報取扱事業者」とされます。個人情報取扱事業者は、主務大臣への報告や、改善措置に従うなどの義務を怠った場合、刑事罰（六か月以下の懲役または三〇万円以下の罰金）を科されることになります。

個人情報保護法は、個人情報の重要度が増したことにより、それを定義して、守るための法律として新設されました。それに対して、マイナンバー法は「個人情報保護法の特別法」といった位置づけになります。

ですから、**マイナンバー法の規定にない部分に関しては、個人情報保護法が適用されるということです。**

マイナンバー導入の目的は？

マイナンバーを導入する、国の目的は何でしょうか。それを改めて整理すると、大きく三つあるといえます。

行政の効率化

日本はこれまで「縦割り行政」と、よく揶揄《やゆ》されてきました。

基礎年金番号や健康保険被保険者番号などが、それぞれバラバラに付けられ、異なる機関で管理されていることは、すでに述べたとおりです。そのため、同一の個人情報が各機関に分散し、重複していながら照合されないという、非効率的な管理がなされていました。

マイナンバーの導入は、こうした無駄を省くという効果があります。いままでは機関ごとにバラバラに管理されていた個人情報が、ナンバー一つでデータ照会や管理ができるようになるので、無駄な時間や労力やお金を使わなくて済むようになります。つまり、多くの情報をマイナンバーによって管理すれば、それだけ行政遂行コストが下がることになるのです。

国民の利便性の向上

マイナンバーが導入されると、私たち国民もマイナンバーを使って、社会保障や税関係などの行政手続きが簡便にできるようになるというメリットがあります。

たとえば、引っ越しの手続きの際に面倒な申請書類の書込みが不要になり、前の居住地の役所から所得証明書を取って添付するといった手間も要らなくなるでしょう。

さらに、自分の年金や税金の払込記録や、個人情報が役所でどのように使われたかなどのチェックも、インターネット上で確認できるようになるのです。

公平・公正な社会の実現

マイナンバーの導入によって、個人の収入や、行政サービスの受給状況を、国が細かく把握できるようになります。

それにより、納税負担を不当に免れることや、年金や医療給付金などを不正に受け取ることを防止するとともに、本当に困っている人にきめ細かな支援を行なえるようになります。

つまり、一人ひとりの所得が正確にわかるようになるので、その所得に対して税額控除や社会保障給付を組み合わせて、不公平をなくすための対策がとれます。そうすることで、公平・公正な社会を実現していこうとしているわけです。

マイナンバーとは、まさに**「効率と公平の実現を目指す制度」**になります。

≫マイナンバーは社会保障・税制度・災害対策で利用

マイナンバーは、すべての分野で利用できるものではありません。前述のとおり、社会保障・税制度・災害対策の行政手続きだけに利用されるものとなっています。

たとえば、社会保障の分野では、年金の資格取得・確認・給付、同じく雇用保険の資格取得・確認・給付のほか、医療保険の給付金の請求、福祉分野の給付、生活保護の申請などで利用されます。実際には、厚生年金の受給の際にマイナンバーを提示するといった方法で使うことになります。

税制度の分野では、確定申告や各種届出に利用されます。税務署提出用の源泉徴収票にも記載するため、勤務先でマイナンバーの提示が求められるようになります。

マイナンバーは、まずこのような社会保障・税制度の二つの分野で主に必要になります。

それに加えて利用が予定されている分野が、災害対策です。たとえば、震災時など「誰が、どこで、どのような状況でいるか」が不明なとき、避難所にマイナンバーを管理する機器を備えることでその人の居場所がわかり、安否確認や家族への連絡が迅速になるといった使い方が想定されています。

災害は起こらないことが理想ですが、地震をはじめ自然災害が多い日本では、こうした対策も必要であるといえるでしょう。

個人番号カード取得までの流れ

マイナンバーが記載された**「通知カード」**は、もう皆さんのところに届いていると思います。

個人の番号はコンピュータの無作為選出によって付けられるため、家族でも連番になりません。もちろん、自分で好きな番号に変更することも不可能です。

通知カードが届いたら、すぐに市区町村に**「個人番号（マイナンバー）カード」**の交付を申請しましょう。

個人番号カードとは、氏名、性別、住所、生年月日、個人番号、そして顔写真をＩ

Cチップに記載したICカードです。このカードは、社会保障・税制度などの分野での利用に加えて、印鑑証明書や公共図書館の利用証といったさまざまな機能を備えています。

個人番号カードの申請には、**「個人番号カード交付申請書」**に顔写真を貼って郵送します。また、スマートフォンからの電子申請も可能です。

二〇一六年一月以降、市区町村から個人番号カードの準備ができたことを知らせる**「交付通知書」**が届く予定です。交付通知書で指定された窓口に、その交付通知書と通知カード、運転免許証やパスポートなどの顔写真付き身分証明書を持って行き、本人確認ののちに個人番号カードが交付されるという流れになっています。

ただし、海外赴任などで日本に住民票がない場合、マイナンバーは通知されません。帰国して住民票をつくった際に、番号の指定や再通知が行なわれます。外国籍の人で、中長期在留者、特別永住者などで住民票がある場合には、日本人と同様にマイナンバーが付けられます。

なお、個人番号カードには、氏名、性別、住所、生年月日、個人番号は記載されますが、**収入や家族構成など「プライバシー性の高い情報」は記録されません。**

[　マイナンバーの大まかな流れ　]

1. 通知カードの到着

世帯ごとに人数分の通知カードが簡易書留で届く。通知カードのほか、個人番号カード交付申請書と返信用封筒が同封されている。

2. 個人番号カードの申請

個人番号カードの交付を申請する。申請方法は、①返信用封筒で申請する場合と、②スマートフォンで申請する場合の2通り。

3. 個人番号カードの受け取り

2016年1月以降、市区町村から交付通知書（個人番号カードの準備ができたことを知らせる通知書）が届くので、次の3点を持って、各市区町村の窓口へ行く。

・交付通知書
・通知カード
・顔写真付き身分証明書（運転免許証など）

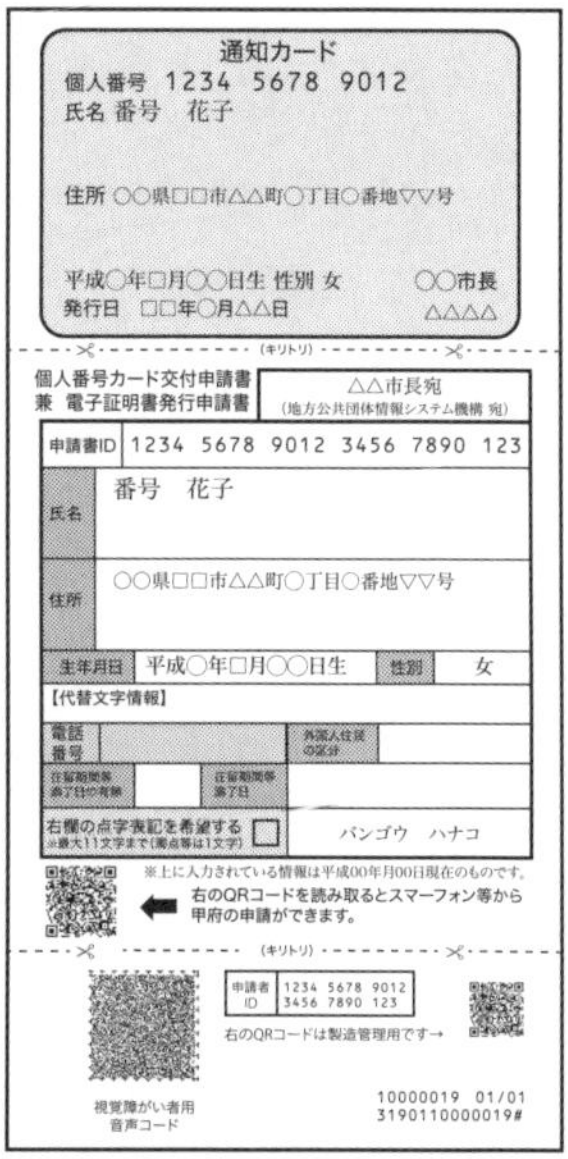

個人番号カードが交付される！

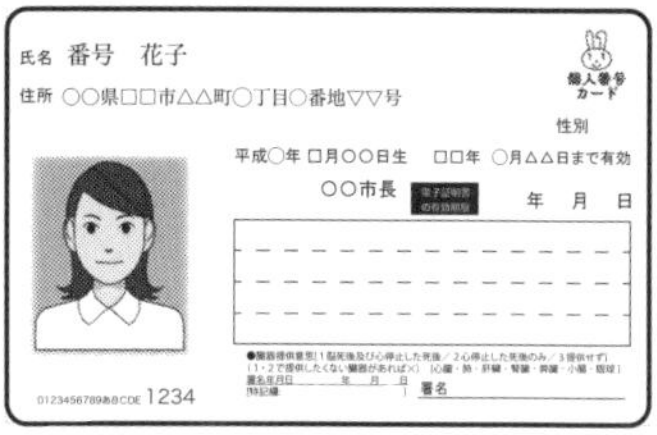

【表】　　　　　　　　【裏】

※カードはイメージのため、実物と異なる場合があります。

また、個人番号カードには有効期限が設定されており、二〇歳以上の成人は一〇年ごとに更新しなければなりませんが、番号自体は原則として一生変わりません。

これまでも、住民基本台帳カード（住基カード）という身分証明書などに利用できるカードがありました。マイナンバーの導入後も住基カードは有効であるものの、個人番号カードとの重複所持はできないことになっています。

≫法人にもナンバー（法人番号）が付けられる

個人に付けられるマイナンバーと同様に、法人にも番号が付けられることになりました。それが**「法人番号」**と呼ばれるものです。

法人番号は**13桁**の数字で、マイナンバーと同じく番号の変更はできないことになっています。

法人番号は、一つの法人につき一つの番号が割り当てられ、支店などに個別の番号が付けられることはありません。個人番号とは違って、社会保障・税制度・災害対策の三分野に限らず利用できます。

なお、法人番号の通知は国税庁から書面によって行なわれることになっていますが、通知カードの発行はありません。

個人番号カードを持つメリットは？

個人番号カードを持つことで、日本に住む人々は多くのメリットを享受することができます。

具体的にどのようなメリットがあるのか、簡単に見てみましょう。

個人番号を証明する書類（電子証明書）になる

マイナンバーは今後、就職、転職、出産・育児、病気、年金受給、災害時など、多くの場面で必要になるので、その際に個人番号カードを提示します。

本人確認のための公的な身分証明書として利用可

マイナンバーの提示と本人確認が同時に必要な場合には、これ一枚で事足りる唯一のカードになります。

また、金融機関の口座開設、パスポートの新規発給、フィットネスクラブの入会など、あらゆる場面で使える身分証明書になり、「なりすまし被害」を防止します。

付加サービスを搭載した多目的カードとして利用可

印鑑登録証や公共図書館の利用証などとして、さまざまな行政サービスに利用できます。

健康保険証や国家公務員身分証明書の搭載も検討中であるなど、今後ますます多くの機能が個人番号カードに一元化され、多目的カードとして便利に利用できるようになります。

行政手続きのオンライン申請が可能になる

国税電子申告・納税システム（e-Tax）などに利用できる電子証明書が標準搭載されていることから、各種オンライン行政手続きに利用できます。

これにより、行政の効率化と、手続き漏れによる損失が回避できます。

各種証明書のコンビニ交付に利用できる

最寄りの市区町村がコンビニエンスストアでの証明書交付サービスを行なっている場合、これからは個人番号カードで自動交付を受けられるようになります。

現在、すでに約一〇〇市区町村（国民の約二割）が利用でき、今後は新たに八〇〇弱の市区町村（国民の約八割）で導入される見込みです。

これにより、住民の利便性の向上だけでなく、各市区町村の窓口業務の効率化が図れます。

≫本格利用は二〇一七年から！

マイナンバーは、将来的には社会保障・税制度・災害対策以外の行政手続きにも活用が検討されていて、今後さまざまな場面で利用できるようになる予定です。現時点での決定事項と、将来展望を見てみましょう。

マイナポータルの開設

二〇一六年一月からの制度開始に伴い、**「マイナポータル」（情報提供等記録開示システム）**というウェブサイトが開設されます（二〇一七年一月予定）。

マイナポータルへのログインには、個人番号カードに搭載された電子証明書が必要です。このサイトを閲覧すると、各機関がいつ自分のマイナンバーを元にやりとりしたのかという記録や、通知なども確認できます。

マイナポータルにはパソコンやタブレット端末などからアクセスできますが、高齢者やＩＴが得意でない人のために、簡易設計となる見込みです。

また、パソコンやタブレット端末を持っていない人が、このサービスを利用できない不公平を避けるため、書面による情報開示請求も可能になる予定です。

マイナポータルでのオンライン申請

マイナポータルへのログインにより、各種行政手続きのオンライン申請ができます。将来的には、引っ越しの際の各種変更手続きなども、このサイトで行なえるようになると見られます。

銀行の預金口座の登録

二〇一八年から、銀行の預金口座のマイナンバー登録（任意）がスタートする予定です。これにより、銀行の預金口座とマイナンバーが紐付けられることになります。なお、株式、国債、投資信託などの取引口座を持つ人は、その金融機関にもマイナンバーを届け出る必要があります。

実現すれば、所得の把握の精度が向上し、公平・公正な社会の実現につながる期待があります。

民間企業での活用

二〇一六年一月以降、総務大臣の認定を受けた民間事業者との手続きにも利用できるようになります。

ただし当面は、たとえばレンタルＤＶＤショップの会員登録を簡便化するためにマイナンバーの情報を求めたり、提供したりということは禁じられており、身分証明書としての利用にとどまります。

いずれは各種民間オンライン取引も

そのうちに、インターネットバンキングをはじめ、各種民間オンライン取引にも利用できるようになるといわれています。実現すれば、インターネット上の金融サービスやショッピングなどを、安全かつ迅速に利用できます。

将来的には対象分野を増強

繰り返しますが、マイナンバーの取扱いは現状、社会保障・税制度・災害対策とい

[　マイナンバーの利用が検討されている分野　]

銀行の預金口座

脱税やマネーロンダリング（資金洗浄）を防ぐ意味もある。

医療・介護分野

過去の健診データなどとマイナンバーの紐付けが可能になる。

戸籍事務

マイナンバーがあれば、戸籍謄本の取り寄せが不要になる。

旅券事務

大使館、領事館での手続きを簡素化することができる。

自動車登録

マイナンバーがあれば、住民票や印鑑証明書が不要になる。

不動産登記

不動産の登記情報とマイナンバーの紐付けが可能になる。

う三分野に限られます。

まだ検討課題のようですが、将来的には戸籍事務、旅券事務、不動産登記、自動車登録といった手続きのほか、医療・介護分野での活用も見込まれます。

≫プライバシーは守られる？　マイナンバーの問題点

マイナンバーの問題点は、番号がデータとして管理されている以上、それが外部に漏れる恐れがあるということです。

現実に、すでにマイナンバーを導入している韓国では、マイナンバーの**「なりすまし」**による年金や医療給付金などの不正受給が多発しました。これは対岸の火事ではなく、日本でも十分に起こりうることです。

アメリカでも「アメリカ社会保障番号」（ＳＳＮ）というマイナンバーが導入されていますが、このＳＳＮでの詐欺被害も多発しています。氏名、住所、電話番号、ＳＳＮさえわかれば、他人のクレジットカードを簡単に偽造できてしまうため、なりすます詐欺や情報漏洩が多発するのです。

日本における状況も、決して予断を許しません。マイナンバーがこの先どのように進展していくのかといえば、番号に紐付けられる個人情報がどんどん増える方向にあるようです。いずれは、給与や病院のカルテの情報なども盛り込まれるようになっていくと予測されます。

それだけ多くの情報が載るとなると、個人番号カードをうっかり紛失してしまったら、かなりの情報漏洩につながるのではないかと心配になる人も多いと思います。

情報漏洩リスクに加えて、制度の導入にあたって国が投じた初期費用が二九〇〇億円、維持費も年間三〇〇億円かかると見込まれることもあり、そこまでのコストに見合うメリットがあるのかという疑問の声も上がっています。

なお、一度割り当てられた個人番号の変更は原則としてできませんが、紛失などにより万が一にも不正利用される恐れが生じた場合は、市区町村に申し出れば「変更」することが可能です。

「マイナンバー詐欺」に気をつけろ!

日本のマイナンバー制度では、写真付きの個人番号カードが発行されます。アメリカのような「なりすまし被害」が発生しないように、運転免許証などの顔写真付き身分証明書との照合で本人確認を行なうことになっているので、他人の個人番号カードを何らかの理由で手に入れたとしても、顔写真と本人の顔が一致しなければ不正使用はできないことになります。

また、個人番号カードは強固なセキュリティ機能を備えており、偽造しても、いざ使用すれば不正が容易に発覚する仕組みになっています。

とはいえ、悪意を持つ人間によって個人情報が盗まれ、不正利用されるリスクは依然としてあります。たとえば、顔写真付きの身分証明書による本人確認も万全とはいえず、顔写真と本人の顔がたまたま似ていたり、「髪を切った」などとハッタリを言って通用してしまったりすれば、不正利用の恐れが十分あるのです。

将来にわたって、企業としても個人としても一番気をつけなければならないのが、マイナンバーを使った詐欺・犯罪行為です。おそらくは二〇一五年一〇月以降、新手の振り込め詐欺のような、いわば**「マイナンバー詐欺」**も増えるでしょう。

企業や個人でそういった詐欺などの犯罪に巻き込まれることがないように、セキュリティ強化の準備や、不正利用の防止策をとる必要があります。

漏洩リスクは「分散」「遮断」で回避

情報漏洩による不正利用や、詐欺などの犯罪のリスクに対抗するため、日本における個人情報は**「分散管理」**という方法で国によって管理されています。その名のとおり、「一か所ではなく、複数箇所に情報を分散させて管理する」方法をとっているのです。

そのため、あらゆる個人情報が同一機関で管理されることはありません。国税に関する情報は税務署に、児童手当や生活保護に関する情報は市区町村に、年金に関する情報は年金事務所になど、これまでどおり分散して管理されます。

そして、異なる機関同士で情報をやり取りする際には、マイナンバーではなく機関ごとの独自のコードを用いているので、たとえ一か所で漏洩があっても、他の機関での漏洩は**「遮断」**されます。

したがって、仮にどこかの機関でマイナンバーが漏洩したとしても、他のあらゆる機関から個人情報が漏れ放題になることはありません。

第3章

士業・コンサルタント事務所の個人情報保護対策

≫企業のマイナンバー対応の流れは？

本書の出版時点でマイナンバーはすでに通知が始まっているので、個人の場合、自分で申請して、個人番号カードの交付を受ければいいといえます。それに比べて対応が大変なのは企業であり、ここに士業やコンサルタントのビジネスチャンスがあります。

この章ではまず、企業側のマイナンバー対応から見ていきましょう。その大まかな流れは、次のとおりです。

まず、**マイナンバーに関する新たな業務の洗い出し**をします。どの書類が変更になるのか、どんなときに記載が必要になるのかなど、いわば情報収集です。

次に必要なのが、**誰の番号を収集するのか、どのような方法でそれをするのかという確認作業**です。

そして、情報管理規定など、**マイナンバーの取扱規程を決め、社内での周知活動**に入ります。ここまでがマイナンバー導入以前の段階です。

[　企業のマイナンバー対応の流れ　]

1. 必要な対応業務をリストアップする

変更が必要な書類、新たに作成しなければならない書類を確認し、担当者を決める必要がある。

▼

2. マイナンバーを集める対象者を確定する

従業員のマイナンバー、その従業員の扶養家族となるマイナンバーなど、誰のマイナンバーを集めるのかを確定する。

▼

3. 社内規程や就業規則を整備する

取扱いのルールを決める。場合によっては新たに社内規程をつくったり、就業規則を変更したりする必要性がある。

▼

4. 社内周知活動を行なう

社内に対して、研修や書面による通知などを行ない、マイナンバーへの対応を実施する。

▼

5. 本人確認、マイナンバーの収集を行ない、安全に管理・運用する

2015年10月以降、マイナンバーと本人を確認するための書類を元に、本人確認を実施しながらマイナンバーを集め、運用をスタートする。

二〇一五年一〇月から、実際に**マイナンバーの収集と本人確認**を行ないます。給与の源泉徴収票などの各種書類を作成する際に、企業が管理しているマイナンバーを記載して各機関へ提出することで、さまざまな手続きができるようになります。たとえば、企業が従業員に給与を支払うときには、マイナンバーを給与支払報告書に記載のうえ、従業員の居住する市区町村に提出しなければなりません。

ところで、**「改正マイナンバー法」**が、二〇一五年九月三日に成立したことにより、企業は従業員の個人番号カードを一括して申請できるようになりました。それにより、従業員が個々に申請する必要がなくなり、会社に任せることが可能になります。学校や役場でも同様のことが可能になる予定です。

企業で一括申請する場合は、それを希望する従業員の個人番号カード交付申請書や、顔写真、本人確認書類を集めます。申請後、企業が立地する市区町村の職員が来訪し、従業員の本人確認をして、個人番号カードの交付を受けることになります。

多くの企業が、従業員の足並みを揃えるためにも、個人番号カードの一括申請を行なうと見込まれます。士業やコンサルタントは、そのサポートをすることになります。マイナンバー対応は事業の規模に関係なく、すべての企業が行なう必要があります。

そして二〇一六年一月以降は、**「マイナンバーの安全な管理」「各手続きの遂行」**、従業員の退職などにより保管が不要になった場合の**「安全な破棄」**が必要になります。

マイナンバーによる書類と規則の変更点

企業が行なうべきマイナンバー対応を、もう少し詳しく見てみましょう。マイナンバーの記載が追加される、主な分野と書類は次のとおりです。

社会保障

- 被保険者資格取得届
- 被扶養者届
- 傷病手当金申請書
- 限度額適用認定申請書
- 離職票

税制度

・法人税及び地方法人税申告書／消費税及び地方消費税確定申告書
・扶養控除等申告書
・報酬に関する支払調書

マイナンバーを取り扱うことになると、書式ももちろんですが規定を整備しなければなりません。

マイナンバーは社会保障・税制度・災害対策という三つの分野以外での利用は認められていません。それを踏まえて、就業規則や社内規程に、マイナンバーの取扱規程を追加する必要があります。

たとえば、不必要にマイナンバーを収集しないことの取決めや、メモなどに書き残さないこと（紛失や漏洩の確率が高まる）の確認、保管場所の決定、取扱権限者の指定などをこの段階で行なうことが肝心です。

すでに社内に担当者を置き、マイナンバー対応を行なっている場合には、そこで就業規則や社内規程の変更・作成を行ないます。こうした業務を社会保険労務士に委託している企業は、対応が万全かどうか確認する必要があるでしょう。

マイナンバーを預かるには「本人確認」が必要

企業がマイナンバーを収集し、保管する必要のある「対象者」は誰でしょうか。それはいうまでもなく、企業の従業員です。正社員、契約社員、アルバイト、パートタイマーなど、雇用形態や勤務年数にかかわらず、マイナンバーを管理しなければなりません。

ただし、出向という形で別の企業から来ている従業員は除きます。あくまで直接雇用している場合に限られます。派遣社員を派遣会社に要請した場合も、派遣元が管理するため、マイナンバーの管理は不要です。

直接雇用の従業員以外でいうと、日雇い雇用や、外部講師への講演依頼などの場合にも、マイナンバーを収集し、管理する必要が出てきます。

従業員からマイナンバーを預かるタイミングは、「雇用契約の締結の際」とされています。本人から入社契約書が提出された際でもかまいません。関係先から預かるタイミングも、「契約締結の際」になっています。

従業員からマイナンバーを預かる際には、「番号の確認」とともに「本人確認」できる二点の証明書が必要です。たとえば、通知カードと、運転免許証やパスポートなどの顔写真付き身分証明書のセットです。

本人確認ができたら、マイナンバーを厳重に保管します。

≫特定個人情報の適正な取扱いに関するガイドライン

マイナンバーの安全管理に関して、特定個人情報保護委員会によって**「特定個人情報の適正な取扱いに関するガイドライン（事業者編）」**が整備されました。企業はこのガイドラインに沿って管理していくことになります。

ここで求められている安全管理措置は次のとおりです。

基本方針の策定

ガイドラインに「特定個人情報等の適正な取扱いの確保について組織として取り組むために、基本方針を策定することが重要です」と記載されており、企業としてはまず基本方針を決定することが必要になります。

取扱規程等の見直しなど

「特定個人情報等の具体的な取扱いを定めるために、取扱規程等の見直し等を行わなければなりません。特に、特定個人情報等の複製及び送信、特定個人情報等が保存されている電子媒体等の外部への送付及び持出し等については、責任者の指示に従い行うことを定めること等が重要です」

ガイドライン上はこう決められており、マイナンバーの取扱いを安全に行なうには、取扱規程を定めることが重要とされています。

組織的安全管理措置

「特定個人情報等の適正な取扱いのために、次に掲げる組織的安全管理措置を講じなければなりません」と、ガイドラインに記載されています。
具体的には次のとおりです。

- 責任者の設置および責任の明確化
- 担当者およびその役割の明確化、担当者が取り扱うマイナンバーの範囲の明確化
- 情報漏洩等が発生した場合の責任者等への報告連絡体制の整備、など

そして、マイナンバー取扱規程などに基づく運用と、取扱状況がわかる記録を保存することを求めています。

人的安全管理措置

「特定個人情報等の適正な取扱いのために、次に掲げる人的安全管理措置を講じなければなりません」と、ガイドラインに記載されています。つまり、担当者の監督をきちんと行ない、教育を徹底するということです。

物理的安全措置

最後が、物理的安全措置です。外部からのアクセスも含めた、各種のアクセス制御や、アクセス元の識別と認証、それから情報漏洩等の防止などが求められています。

≫マイナンバーが漏洩すると会社が傾く？

マイナンバーの安全管理が、世間でここまで騒がれているのには理由があります。前章でも触れましたが、一つは「自分たちの個人情報が漏れてしまうのではないか」という恐れです。

もう一つが、**「罰則」**です。マイナンバー制度では、これまでにない重い罰則が設けられているのです。

たとえば、マイナンバーを利用したり、取り扱う事務に従事する者が、正当な理由なく、特定個人情報（マイナンバーを含む個人情報）ファイルを提供した場合、四年以下の懲役または二〇〇万円以下の罰金とされています。

「四年以下の懲役」とは、執行猶予が付かず、いきなり実刑もありうるということです（執行猶予とは、刑事罰を受ける際、実刑を下すことを猶予するもので、通常は三年までの刑でないと執行猶予は付かない）。

このように、これまでの法律と比べ、非常に重い罰則となっています。それほど安全な管理が求められているのです。

さらに、**社内の人間がマイナンバーの情報漏洩や不正取得をした場合には、その監督を怠った企業に対しても罰則が設けられています。**

以上のことから、マイナンバーの取扱いが極めて重要であるということを、担当者をはじめ、従業員全員に周知する必要があります。

大げさな言い方をすれば、マイナンバーの情報漏洩によって会社が傾くこともあるかもしれません。そのくらい重大事であるということを、きちんと伝えておくべきです。

[　マイナンバーの罰則規定　]

違法行為	罰則
マイナンバーを取り扱う事務に従事する者が、正当な理由なく、特定個人情報（マイナンバーを含む個人情報）ファイルを提供した場合	4年以下の懲役または200万円以下の罰金（併科されることあり）
マイナンバーを取り扱う事務に従事する者が、不正な利益を図る目的で、マイナンバーを提供・盗用した場合	3年以下の懲役または150万円以下の罰金（併科されることあり）
情報提供ネットワークシステムの事務に従事する者が、情報提供ネットワークシステムに関する秘密を漏洩・盗用した場合	3年以下の懲役または150万円以下の罰金（併科されることあり）
人を欺き、暴行を加え、脅迫し、または財物の窃取、施設への侵入などによりマイナンバーを取得した場合	3年以下の懲役または150万円以下の罰金
国の役職員などが、職権を濫用して特定個人情報（マイナンバーを含む個人情報）が記録された文書などを収集した場合	2年以下の懲役または100万円以下の罰金
特定個人情報保護委員会の委員などが、職務上知り得た秘密を漏洩・盗用した場合	2年以下の懲役または100万円以下の罰金
特定個人情報保護委員会から命令を受けた者が、命令に違反した場合	2年以下の懲役または50万円以下の罰金
特定個人情報保護委員会に対する虚偽の報告、虚偽の資料提出、検査の拒否などを行なった場合	1年以下の懲役または50万円以下の罰金
偽り、その他不正の手段により、個人番号カードを取得した場合	6か月以下の懲役または50万円以下の罰金

※内閣官房「マイナンバー社会保障・税番号制度概要資料」を元に作成

≫士業やコンサルタントが留意すべきこと

マイナンバーによって、企業はさまざまな対応を求められます。とくにマイナンバーの取扱いに関する罰則が厳しいため、慎重な管理が求められています。

一方で、士業やコンサルタントも、企業のマイナンバー対応に関わる以上、自分の事務所に十分な情報管理体制をつくっておく必要があります。そうでないと、企業は大事なマイナンバー対応を安心してよそに任せられません。

では、士業やコンサルタントは、どのような準備をして、自分の事務所に情報管理体制をつくればいいのでしょうか。具体的に見ていきましょう。

基本的な考え方としては、**「マイナンバーを取り扱うことは、プライバシー性の高い個人情報を取り扱うことと類似したもの」**と考えておけばよいでしょう。

個人情報とは、「特定の個人を識別できる」情報のすべてです。個人情報保護法によって定められており、マイナンバーと同様に罰則規定があります。

マイナンバーに関わる個人情報保護も、基本的には従来の個人情報保護法に則った対応をしていくことが王道といえます。

ただし、個人情報保護法による罰則は、違反後に是正勧告を受け、それでも従わない場合にのみ科されることになります。それに対して、マイナンバーの罰則は、違反したことがただちに罰則となる**「直罰規定」**であるという違いを知っておきましょう。

士業やコンサルタントが個人情報保護法に適応した体制をつくるために、求められているのは次の四つです。

①組織的安全措置

「プライバシーポリシー」（後述）などを作成して、自社が行なう措置を公開し、明確にすること。

②人的安全措置

自社の従業員や関係先との秘密保持、従業員への周知徹底など。

③技術的安全措置

不正アクセスの防止、制御などの安全管理体制をつくること。

④物理的安全措置

入退館の管理、盗難防止の管理など。

もっと詳しく個人情報保護法について知りたい人は、専門書を参照していただくとして、次からは具体的な対応について解説していきます。

≫プライバシーポリシーとセキュリティポリシー

「プライバシーポリシー」とは、**個人情報の取扱いを定めた規範（決まりごと）**のことをいいます。インターネット上のウェブサイトで公開されているものも多く、そのサイトで収集した個人情報をどのように扱うのかなどについて、サイト管理者が定めた規範を公開しているのが一般的です。

このプライバシーポリシーと似ているのが、**「セキュリティポリシー」**と呼ばれるものです。**情報セキュリティ対策の方針などを定めた行動指針**のことで、事業者ごとにつくるものです。

プライバシーポリシーとセキュリティポリシーの策定には、とくに法律的な義務はありません。ただ、それをつくることによって、情報管理方針が事業所内でも明確になり、またそれを公開することで企業（顧客）の信用も得られます。そのため、多くの事業者が策定しています。

この二つのポリシーは、ひとくくりにしてしまうこともありますが、まずはプライバシーポリシーを作成することを念頭に置けばよいでしょう。それが済んだ後で、セキュリティポリシーを作成することも視野に入れておくべきです。他との「差別化」につながります。

≫プライバシーポリシーのつくり方

プライバシーポリシーの作成にあたっては、次の四つの内容を盛り込む必要があります。

①個人情報の基本方針

自社がどのような方針で個人情報を取り扱うか、基本方針を決めます。

②個人情報の定義

自社で取り扱う個人情報がどのようなものなのかを定義します。

③個人情報の収集・利用・提供・破棄

個人情報の収集は**「同意を得て」**という前提があるので、同意を得ることや第三者への提供などについて規定します。原則として、同意なしに第三者への情報提供はできません。

④教育・組織体制

個人情報保護のための教育をどのようにするか、組織体制をどう整えるのかということを策定します。

なお、**「守秘義務」**に関しては、そもそも士業には守秘義務があるので、本来ならば明記の必要がないといえばそれまでです。しかし、それを知らない企業も多いので、こうしたポリシーにその旨を併記して作成するとよいでしょう。

作成後は、事務所のウェブサイトに掲載して公開します。

≫セキュリティポリシーのつくり方

セキュリティポリシーには、社内規程のような組織全体のルールから、「どのような情報を、どういった脅威から、いかに守るか」という基本的な考え方、情報セキュリティを確保するための体制、運用規定、基本方針、対策基準までを、具体的に記載するのが一般的です。

そのため、情報セキュリティ対策は画一的なものではなく、事務所の規模や体制、保有する情報量などによって大きく変わってきます。つまり、業務形態、ネットワークやシステムの構成、保有する個人情報などを踏まえたうえで、その内容に合ったセキュリティポリシーを作成しなければなりません。

セキュリティポリシーを作成する主目的は、事務所内の情報資産を、セキュリティ上のリスクから守ることです。

それに対して副目的として、セキュリティポリシーの導入や運用を通して、事務所の従業員の情報セキュリティに対する意識の向上を図ると同時に、企業からの信頼を得られるというメリットがあります。

ここでは、セキュリティポリシーの作成ステップを五つに分解して、内容を見ていきましょう。

①問題意識の共有

まず、「何を問題とするか」を決定します。ビジネス上の情報管理において、何が起こると危険なのか、最悪の事態は何なのかということです。過去の事例を参考にしつつ、事務所全体で問題意識を共有し、作成スケジュールを立てましょう。

②リスクの整理

ビジネス上の重要な情報資産と、そのセキュリティ面での脅威を洗い出し、具体的にどんなリスクがあるのか整理します。

③リスク対応策の検討

セキュリティポリシーの元となる、具体的なリスク対応策を決定します。この対応策は、リスクごとに分けて考えましょう。

④ポリシーの作成

実際のポリシーを作成します。例文に関しては、ＮＰＯ日本ネットワークセキュリティ協会の発行する**『情報セキュリティポリシーサンプルドキュメント』**が大変参考になります。

（www.jnsa.org/active/2001/active_policy01.html）

作成した内容は、ＰＤＦファイルや文章・画像データなどにして、事務所のウェブサイトに掲載しましょう。

⑤ポリシーの運用

作成したポリシーを円滑に運用するための工夫をします。作業手順書や操作説明書も、必要であれば作成しましょう。

以上が、セキュリティポリシーの作成手順になります。自分の事務所と顧客を優先して実施していきましょう。

事業の規模が小さくても就業規則をつくる

セキュリティポリシーに続いて、就業規則も作成しておくと万全です。

ただし、事務所の規模によっては、就業規則があることで、かえって組織運営がむずかしくなる懸念もあります。そのため、社会保険労務士に相談してからつくるとよいでしょう。

就業規則については、基本的には厚生労働省の公開する**「モデル就業規則」**を参考に作成することができます。

（www.mhlw.go.jp/stf/seisakunitsuite/bunya/koyou_roudou/roudoukijun/zigyonushi/model/index.html）

ただし、参考にするにしても、ここに書いてある内容だけでは完全とはいえないので注意が必要です。厚生労働省や労働基準法が示す法的義務上、必要最低限のものだけが記載され、新しい制度に対応する内容が絶対的に不足しているからです。

≫インターネット上のセキュリティ対策

個人事務所でも必要なのが、インターネット上のセキュリティ対策です。漏れやすい情報を守る能力や知識は、士業やコンサルタントにとっても、これから絶対必要な条件になります。

ここでは、基本事項も含めて主にソフトウェア（物質としての形のない、ウェブサイトやアプリケーションなど）の管理に必要なセキュリティ対策について紹介します。

- 個人情報漏洩対策は担当者任せではなく、必ず管理者（士業・コンサルタント事務所でいえば、所長か幹部クラス）が主導し、推進する。
- セキュリティポリシーなどを決定し、管理者の指示で実施する。
- 従業員が使用する業務用パソコンに対しては、業務上必要なソフトウェアのみをインストールできるようにしておく。
- 利用しているソフトウェアの更新はこまめに行なう。

[　インターネット上のセキュリティ対策　]

セキュリティの分野	実施事項	概要
人的セキュリティ	管理者を置く	幹部クラスを必ず責任者に置く
	サイト管理者に脆弱性を確認する	外注の場合は、より徹底して管理する
規則的セキュリティ	セキュリティポリシーを作成する	情報管理のためのルールづくりは重要
パソコン上のセキュリティ	不要なソフトはインストールしない	ウイルス感染の可能性があるexeファイルなどは要注意
	ソフトウェアの更新は頻繁に行なう	ソフトが古いと脆弱になる場合もある
	パスワードを複雑化させる	誕生日など、安易なパスワードは使用しない
	ファイアウォールやパッチを適用する	社内に担当者がいない場合は、専門家に依頼することも必要
	アクセス記録をつける	誰がどの情報にアクセスしたか管理できる体制が必要
	無線LANは適切な暗号化方式にする	誰でも無線LANにアクセスできる状態にあると危険

・業務に関わるパスワードは、簡単なもの（1234や誕生日など）を絶対に使わず、数字と英字を組み合わせた複雑なものにする。
・業務に関わるパスワードは定期的（三〜六か月ごと）に変更する。
・ファイアウォールやパッチ（セキュリティのためのシステム）をきちんと適用させておく。
・誰が、いつ、どの情報にアクセスしたか、記録を残しておく。
・ウェブサイトを運営している場合には、サイト管理者などに、脆弱性《ぜいじゃくせい》対策をしているかを確認する。
・無線LANを使用する場合、適切な暗号化方式を選択する（WEP方式を使用しない）。
・ウェブサイトなどを外注して開発する場合、脆弱性対策や情報漏洩対策についての契約に、事後の追加対応が可能な保守契約を入れておく。
注：脆弱性対策に関しては、次のガイドラインも参考にする。

【IPA　安全なウェブサイトの作り方】
（www.ipa.go.jp/security/vuln/websecurity.html）

【ＪＮＳＡ　セキュアシステム開発ガイドライン】

（www.jnsa.org/active/houkoku/web_system.pdf）

・個人情報をウェブサーバの公開フォルダに置かない。

・自社サイトが受けている攻撃について日頃から把握する。

注：実際にどの程度の攻撃にさらされているのかを確認するための専用のツールには、『ＩＰＡ　ＳＱＬインジェクション検出ツール　iLogScanner』がある。

（www.ipa.go.jp/security/vuln/iLogScanner.html）

・セキュリティ事故発生時の対応手順を明確にしておく。

ここに挙げたすべてに対応するとなると、膨大な作業量になってしまいます。そこで、優先順位を決めましょう。

士業・コンサルタント事務所として第一に取り組むべきなのは、**ウイルス対策ソフトの徹底導入**です。

次に、個人情報のデータベースとなる書類作成用のパソコンと、メールなどの連絡用のパソコンを分け、データベース用のほうは極力インターネットにつなげない環境にします。

そして、パスワードをもう一度見直し、すべてのソフトウェアのバージョンアップをこまめに行なうのがよいでしょう。

参照：一般家庭における無線ＬＡＮのセキュリティに関する注意（www.ipa.go.jp/security/ciadr/wirelesslan.html）

物理的セキュリティ対策

意外に思われるかもしれませんが、情報がインターネット経由ではなく、人の手を介して物理的に漏洩することも決して少なくありません。

それを、どうすれば防げるのか。物理的なセキュリティ対策について挙げてみましょう。

[　物理的セキュリティ対策　]

セキュリティの分野	実施事項	概要
人的セキュリティ	全従業員に周知する	重要性を説く必要がある
	マニュアル放置の禁止	情報管理のためのマニュアルなどを、机の上などに放置しないように指導する
施設的セキュリティ	監視カメラをつける	部外者の出入りなどから、漏洩の可能性がある
	機密情報を取り扱うスペースをつくる	不用意に部外者を社内に入れないことも重要
	入退室管理を行なう	誰がいつ管理スペースに入ったか、記録をつけることで管理が可能
	施錠管理を行なう	個人情報は施錠できる金庫などで管理する
	破壊、火災などの災害を防ぐ	防火金庫など、重大事態が発生しても保護できる状況をつくり出すことが重要
パソコン上のセキュリティ	私用 PC と業務用 PC を分ける	個人の PC を社内に持ち込ませない
	PC にワイヤーロックをかける	盗難や持ち出しの防止策を講じる
	離席時のパスワード付きスクリーンセーバーを設定する	覗き見で情報が漏洩しないための施策を尽くす
	個人情報とその他の情報は別管理する	分散管理することで、情報漏洩を防ぐ

・個人情報を取り扱う場所は他のスペースと切り離し、区分管理する。
・IDカードなどによる認証を用いて、厳密に入退室管理をする。
・必要に応じて、監視カメラなどを設置する。
・個人情報保護の必要性を、全従業員に常に意識づけする。
・個人情報には、必要最小限の人間のみがアクセスできる仕組みにしておく。
・私用パソコンと業務用パソコンは明確に区別する。
・各自が使用するコンピュータの盗難対策として、ワイヤーロックなどを利用する。
・離席時に、個人情報を記した書類、媒体、携帯可能なコンピュータ類を、机上などへ放置することを禁止する。
・個人情報を取り扱う情報システムの操作マニュアルなども、机上などへの放置を禁止する。
・覗《のぞ》き見防止のため、離席時用のパスワード付きスクリーンセーバーなどを設定する。
・個人情報を含む媒体は施錠保管する。
・氏名、住所、メールアドレスなどを記載した個人情報と、それ以外の個人情報を分離保管する。

・個人情報を取り扱う機器・装置などを、安全管理上の脅威（盗難・破壊・破損など）や環境上の脅威（漏水・火災・停電など）から物理的に保護する。

以上が、ソフトウェア（非物理上）とハードウェア（物理上）の主なセキュリティ対策となります。

実際問題として、士業・コンサルタント事務所がいますぐできる対応は、**個人情報を取り扱う場所を決める**ことです。小さな事務所であれば、せめて顧客が入る場所と執務の場所を分け、入退室管理を行ないたいところです。

そして、個人情報へのアクセス権限をむやみに従業員に与えず、アクセスできる人間を限定してしまうことです。また、原則としてパソコンの持ち出しを禁じ、事務所の施錠を二重にするなど、厳重に管理しておくべきです。

もちろん、いまから急にすべての対策は不可能かもしれませんが、少しずつ対応することが肝心です。こうした対応状況をセキュリティポリシーの条項などに盛り込み、随時更新していくことで、企業の信頼獲得につながっていきます。

≫万が一の情報漏洩に備えて

プライバシーポリシーとセキュリティポリシーを作成したら、事務所内の見やすい場所に掲示し、周知徹底を図りましょう。また、人数の多い少ないにかかわらず、必ず研修をし、重要性を伝えるべきです。

これだけIT化が進むと、パソコンの持ち運びやタブレット端末などからの外部アクセスなど当たり前のことになり、「多くの人がやっていることだから、大丈夫だろう」などと高をくくって、情報管理の意識が薄れます。

しかし、単に事務所の内部情報が漏れるだけならまだしも、顧客情報を漏洩してしまえば、致命傷になりかねません。情報漏洩された顧客の会社にも当然、大きな影響があるわけですし、**事務所一つが丸ごと消し飛んでしまう最悪の事態もありうるわけです。**ですから、まず事務所内で危機意識を高める、徹底した教育が必要になります。

万が一、情報漏洩してしまった場合にはさまざまな対処法がありますが、顧客に対しては常に正直、誠実であるべきです。自分自身の身の振り方など、今後を考えると大きな不安もあると思いますが、情報漏洩があって一番困るのは顧客なのです。

第一に顧客のことを考えること。これが情報漏洩時に求められる姿勢になります。

優れた情報管理体制は事務所のＰＲになる

マイナンバーの取扱いに関する罰則は重く決められています。そのため、マイナンバーは厳格に管理しなければならないのですが、最も多く「他人のマイナンバー」を預かるのが、行政書士、社会保険労務士、税理士などの士業でしょう。

士業は自分の事務所の従業員以外にも、クライアントの社会保険手続き、給与計算、確定申告などの業務を行なえば、そのつど、マイナンバーを預かる必要が出てきます。

そう考えると、**「情報管理体制をきちんと整えた士業事務所に切り替えたい」**というクライアントが増えてくるでしょう。

通常、顧問契約はビジネス上の付き合いだけでなく、「これまでお世話になったから、長い付き合いだから」といった理由で、なかなか解消しにくいものです。しかし、こうした重大な法律の変更は、顧問契約を解消するきっかけになるといえます。

ですから士業は、自分の事務所の情報管理体制を整えるだけでも、顧問契約を獲得するためのPRになるといえるでしょう。

「資格」を利用して個人情報保護をアピール

今後は、情報管理体制が整っている士業・コンサルタント事務所に、仕事が集中していくことが予測されます。そのアピールのために、「PマークやISMSを、士業やコンサルタントも利用するべきか？」という質問もよく受けます。

結論からいえば、**「情報保護系の資格の取得はプラスになるから取ってもよい。ただし、マイナス面も考慮してブランディングにうまく活かすようにするべき」**というのが答えです。

士業のPマークは、限定的なものですが存在します。代表的なのは、全国社会保険労務士会連合会の**「SRP認証制度」**で、一定の審査を受ければ取得することができます。これは要するにＰマークの社会保険労務士版といえますが、社会保険労務士はこうした認証制度を利用して、名刺やウェブサイトに掲載すると効果的なアピールになります。

ところで、まだ予測の域を出ませんが、自動車登録などにも、マイナンバーの利用が検討されているとすでに述べました。行政書士や税理士は、いずれ「相続」「成年後見」などでも、個人情報をより慎重に扱う必要が出てきます。

そこで、**「マイナンバー実務検定」**（217ページ参照）に短期間の集中勉強で合格し、「マイナンバー対応事務所」という肩書きを追加することは「強み」になるため、おすすめできます。これも名刺やウェブサイトに掲載すると効果的です。

ただし、単にそれを表示するだけでは足りません。一般的には、こうした資格が何なのか知られていないからです。

たとえば、社会保険労務士なら、名刺やウェブサイトに**「当事務所は社会保険労務士のＰマークであるＳＲＰ認証制度によって、個人情報保護を徹底しています」**というような説明文を付けなければ、効果が半減するので気をつけましょう。

また、資格の取得には多くの時間、労力、経費がかかるというマイナス面があることを考慮する必要があります。「とりあえず取れればいい」という姿勢で取り組み、いまのこのビッグチャンスに出遅れるのはナンセンスです。

それよりも、本質的かつ実際的なビジネスを率先して行なうべきであり、資格は余裕があるときに取得しておけば、ブランディングに役立つという認識でよいといえます。

［第4章］

マイナンバー時代を勝ち残る士業の超高収益戦略

「マイナンバーバブル」後は士業の仕事が激減する？

第1章で、「マイナンバーバブル」に士業業界が沸いていると述べました。しかし、かつてのバブル景気がそうだったように、この活況があと一〇年も続くとは考えられません。

おそらく三年から五年も経てば、多くの企業が対応を終え、マイナンバーが「日常」になっているはずです。

そうなると、さまざまな行政手続きが簡素化されることが見込まれます。結果、士業のほとんどが世の中にとって不要な存在になる可能性があります。

この章では、**士業がマイナンバーというチャンスをピンチにしてしまわないために必要なこと**についてお話しししていきます。

たとえば、税理士は確定申告や帳簿作成などを主な仕事としています。銀行の預金口座とマイナンバーの紐付けがされれば、いよいよ個人が確定申告をしなくていい時代がやって来るでしょう。つまり、税理士の仕事の減少は避けられません。

実際に、北欧にあるエストニアという人口一三〇万人程度の小国では、「eガバメント」という政策によって個人の口座管理まで行政が統括することになり、税金が自動計算となりました。それで確定申告する必要もなくなり、税理士の仕事が消滅したといわれます。

社会保険や厚生年金の手続き、就業規則や社内規程の変更・作成などを主な仕事としている社会保険労務士は、マイナンバーで一時的に仕事は増えてもいずれは減り、報酬額も下がることが懸念されています。

社会保険の扶養手続きをする際は、年金額を確認する年金証書や、所得額を証明する源泉徴収票が必要です。しかし、マイナンバーで公的年金や就労収入が把握できるようになると、手続き自体はなくならないまでも、書類をわざわざ取り寄せなくてよくなります。

また、入社のときの社会保険や雇用保険の加入に際しても、基礎年金番号と雇用保険番号の確認がいらなくなり、いずれは履歴書だけで手続きを行なえるようになるでしょう。

行政書士の主な仕事は、各種許認可の申請、相続の手続き、就労ビザの取得などですが、相続の手続きをする際に戸籍収集が不要になる見込みです。収集する書類が減れば、全体的な書類の作成量も減るので、報酬額も比例して下がっていくでしょう。日本がどれほどの規制、統制をとっていくのか不明ですが、**資格だけでは食べていけない時代が目前に迫ってきたといえます。**

士業の役割はこうして変わっていった

では、この厳しい時代に、士業がマイナンバーというチャンスを活かして成功するには、どんな戦略を立て、どのような事務所経営をしていけばよいのでしょうか。

本題に入る前に、これまでの士業ビジネスの背景を知っておきましょう。なぜ、このような状況に至ったのか、その経緯の把握は重要です。

なお、ここでいう「士業」とは、「先生」を中心とした従業員数人から十数人規模のいわゆる**「個人事務所」**を想定しています。従業員五〇人以上の大規模事務所とは経営手法が異なるので、ここでは除外します。

「資格で安泰」から競争の時代へ

もともと士業は「法律」「会計」「手続き」の専門家でした。極端な言い方をすれば、それさえ知っていれば仕事を取れたし、「資格で食べていく」ことが可能だったのです。そして、**「法定業務」「独占業務」または単純に「業務」**と呼ばれるものが、士業の仕事とされてきました。法定業務とは、要するに法律によって定められた資格の仕事です。本書では、これをコンサルティングなどの仕事と区別するために、「法定業務」と呼ぶことにします。

かつて士業は「資格を取れば人生安泰」と言われていましたが、徐々にそのような単純な世界ではなくなってきました。もう現代では資格も大きなアドバンテージにはならず、人生安泰どころではない時代になっています。

それにはいくつか理由があるのですが、単純に年数が経ったことで、**士業（資格取得者）の人口が増えた**ことがまず挙げられます。

いまでこそ資格試験の受験者は減少傾向にありますが、一時は司法制度改革の影響などもあり、志願者と合格者は順調に増えていきました。

ライバルが増えれば、競争が生まれます。こうしたことによって、士業の競争時代が始まったのです。

「ネット営業」が価格破壊を招いた

士業の競争に拍車をかけたのが、インターネットの普及です。これにより、士業のなかにも「ネット営業」を営業・マーケティングの方法の一つとして実践する人が急増しました。

ネット営業の黎明《れいめい》期には、やり方次第で広告費などもかなり抑えることができたため、その人気は急速に高まりました。

ところが、士業のネット営業が急増するにつれて、これまでにない問題が生じたのです。それは、**「顧客による士業の比較」**です。つまり、インターネットで士業を探すことができるようになり、顧客は仕事を依頼する前に、比較検討するようになったのです。

比較検討されると、どうなるでしょうか。士業が比較されるということは、**「報酬額を比較される」**ということにもつながります。士業に依頼するのは法定業務ですから、同じ仕事を頼むのであれば、できるだけ安く上げたいと考えるのが人情です。

そのため、次々と報酬額を下げる事務所が増え、士業全体の報酬相場も下がっていくことになったのです。

少子高齢化と電子化の逆風

士業人口が増える二〇〇〇年以前は、資格を取れば食べていくことができた時代であり、顧客が比較検討して相見積もりを取るなどありえませんでした。

しかし、いまは比較検討されることが当たり前となり、定型の業務しかできない士業は、報酬額を下げる以外に手段がなく、結果として過当競争に陥っています。

加えて、いまの日本は**少子高齢化社会**です。当然、法人も減少しています。顧客が減っているという何重苦をも背負わされているのです。これが、士業の現状です。

さらに、確定申告など、さまざまな行政手続きが**電子化**され、わざわざ士業に依頼しなくても個人でできることが増えてしまったことも、厳しい現状の大きな要因になっているといえます。

≫「資格起業家」の誕生

このような逆風を肌で感じ、私はそれを打破しようと**「資格起業家」**というビジネスモデルを考案しました。

そして、二〇〇六年末に『**資格起業家になる！　成功する「超高収益ビジネスモデル」のつくり方**』を上梓しました。この本の出版にあたって、次のような経緯がありました。

私が独立開業した二〇〇三年頃は、まだまだ報酬額も高く、毎月数件の法定業務をこなしていけば食べられる時代でした。しかし、当時の私には知識も経験もなく、独立開業直後は、どん底の貧乏生活を余儀なくされたのです。そこで一念発起し、営業・マーケティングの方法を独学して実践した結果、一年半で月商一〇〇万円を達成することができました。二〇〇四年九月のことです。

ところが、これが想像以上に多忙を極めました。そのうえ、徐々に周りの事務所が報酬額を下げ、新規参入者が増えていくのを目の当たりにして、「このまま士業だけをやっていたのではいつか苦しくなる」と判断したのです。それで方針転換をして、**コンサルタントの道を歩み始めました。**

もっとも、当時は士業が法定業務以外の仕事をすることは、業界的にタブーでした。「士業が営業をするものではない。専業を極めてこそ士業である」と、いわば「武士は食わねど高楊枝」を地で行っていた時代です。ですから、私が積極的に営業を進めることに加え、セミナー業務やコンサルティング業務を請け負ったことによって、士業の先輩方からたくさんのお叱りをいただきました。

そして二〇〇五年。私にとって発明であり、まさにコペルニクス的転回であったのが、**「士業の仕事を第一段階のビジネスと考えず、セミナーやコンサルティングを第一段階にする」**という逆転の発想です。

これこそが、資格起業家という先進的士業を目指すビジネスモデルなのです。言い換えると、しかけにくい士業の法定業務を最初に考えるのではなく、攻めやすいセミナーやコンサルティングを第一のビジネスとし、結果として士業の仕事を取るという仕組みです。

二〇〇四年に士業の未来を予測したとき、士業が法定業務だけでは生きていけなくなることは、私にとっては自明の理でした。その頃の士業業界には受け入れてもらえず、批判もありました。しかし、二〇一五年になった現在、まさしく「資格だけでは食べていけない」時代がやって来て、士業もセミナーやコンサルティングを行なうことが当たり前になっています。

≫業界のタブー「士業のデメリット」を明かす

士業の本質をつかむために、もう少し解説を続けましょう。

これからお話しすることは、長い間、士業業界ではタブー視されてきたことで、ある意味では「資格を取ったら人生バラ色」派の考えを否定しまうものです。ただ、士業の本質を見極めるためにも、デメリットがそこにあるのに〝見て見ない振り〟をすることはできません。

士業のデメリットについて見ていきます。

ニーズ商売である

まず、士業の仕事のほとんどが「ニーズ商売」であることです。士業の仕事は、顧客が必要になって初めて生じるものばかりなのです。

社会保険労務士による助成金の提案、税理士による節税の提案など、こちらから提案できるものも存在しますが、大多数がニーズ商売といっていいでしょう。相続や建設業許可、訴訟などの多くの案件が**「顧客にとって必要性が出てきたから頼む」**ものであり、こちらから仕事量をコントロールすることは非常にむずかしいのです。

もちろん、豊富な予算があり、毎月一定額の広告をかけられるといったバックボーンがあれば変わってきますが、個人で始め、予算があまりない事務所であれば、仕事量をコントロールするのは至難の業です。いくら営業力を磨いても、相手が必要としていなければ売れないからです。

商品開発ができない

次に挙げられるのは、「商品開発ができない」という点です。

一般的なビジネスでは、商品開発はごくごく当たり前のことであって、商売の大前提となるものです。どんなに業績の良い企業でも、同じ商品が売れ続けるというのは稀《まれ》な出来事です。

売上を伸ばすことができたら、すかさず次の商品開発に勤《いそ》しみ、そしてまたヒット商品を狙うというのが、どの業界でも行なわれていることです。

それに対して、士業では「法定業務」といわれるように、法律によって仕事の内容が定められていることから、**商品開発という概念がありません。**

自分たちで新しい商品をつくろうという発想が、そもそも生まれる土壌にないうえに、世の中に左右されやすいビジネスであることにも気づいていないのが実情です。

差別化が大変しにくい

商品開発ができず、法律によって商品・サービスを決められているという足かせがあるばかりか、業務上の創意工夫、つまりビジネスセオリーでいうところの「差別化が大変しにくい」商売であることが、さらに大きなデメリットといえます。

他の業界なら、たとえば自動車を販売するのであれば、同業他社が多数いたとしても、自社製品の性能やデザインなどで差別化を図ることは可能でしょう。しかし、士業は「法律」が商品・サービスである以上、差別化はしにくい、いやできないといっても過言ではないのです。

誤解がないように伝えておきますが、法律実務の取扱いについて、どの士業に依頼してもまったく差がないということではありません。業歴一〇年以上のベテランと、昨日開業したばかりの新人では、天と地ほどの実力差があります。

しかしながら、法律という難易度の高い仕事をしているために、**依頼した顧客側から見れば、そのレベルの差がわかりにくい**ということもまた事実なのです。

たとえば、会社設立に関わる定款などの書類作成も、士業の仕事です。会社を設立して「会社ができた」という事実はつくれても、定款の中身が今後長くその会社にとって良い内容になっているかどうか、これは顧客側ではなかなか判断できません。

そのようなことが、士業にとって商品の差別化をむずかしくしている一因なのです。

士業は「アメーバ的存在」を求められている？

すでに述べましたが、士業人口の増加、顧客の減少、そして行政手続きの電子化などの影響によって、士業の希少性というのはますます低くなってきています。

では、もう士業は世の中にとって不要な存在になってしまったのでしょうか。

当然のことながら、士業が不要になったわけではありません。

資格があるだけでは、もうアドバンテージにはなりませんが、現在も士業は存在していて、多くの企業や個人が士業に仕事を依頼しています。

では、どのような士業が、いまもなお売上を伸ばしているのでしょうか。

たとえていうなら、士業だけでなく、さまざまなサービスの提供が可能な「アメーバ的存在」となっている士業が強いということになります。

ここでいう「さまざまなサービス」に決まりはありませんが、あえて例を挙げるとすれば、**士業の仕事と親和性が高いコンサルティング業務や研修業務**などがそれに当たります。

別の側面から見ると、「ただ、依頼された法定業務をこなすだけ」の士業は徐々に淘汰《とうた》されつつあり、それ以上に何ができるのかが重視されるようになっているだけなのです。だからこそ「ありきたりな士業の仕事を、ただ頼むだけなら激安事務所に」ということになります。

つまり、**「士業の業務以外でどれだけスキルを高められるか」**が、いまの厳しい時代を生き抜くポイントになります。さらに、顧客のニーズごとに自分の提案を変えていくことができれば、言うことなしです。アメーバのように姿形を変えて提案できるコンサルタントになることが理想なのです。

士業が「企業や国民のパートナー」であることには、過去も現在も、きっと未来も変わりありません。ただ一つ違うのは、社会貢献の方法が法定業務だけでは足りなくなり、さまざまな分野で役に立つことが求められているのです。

要するに、必要なときにただ依頼されるだけだった士業が、いまは企業や国民のパートナーとして、本来の仕事以上に何ができるのかが試されているのです。

社会保険労務士でいえば、単に社会保険や厚生年金の手続きができるだけでは、徐々にニーズが減少します。人材育成、研修、コーチングなどに関して自分自身のスキルを高め、その方面でも仕事ができる人が求められているのです。

こうして本物のパートナーにまでスキルを高めた士業は、仕事がないどころか、多すぎる依頼を断るのに苦慮するほどの売れっ子になります。つまり、資格にあぐらをかいていた人は苦しくなり、自らの成長を望んだ人だけが成功するのです。

まとめると、いま求められているのは、**「法定業務」だけでなく、顧客のニーズや困りごとに柔軟に対処する「法定外業務」を併せて提案できる士業なのです。**

言い換えれば、**「本当の意味で社会に貢献できるコンサルタント型の士業」**が、いま世の中に求められているといえます。

なぜ、あのコンサルタントは貧乏なのか？

ここまで書くと、「ということは、コンサルタントになればいいいんですね？」という声が聞こえてきそうです。

もちろん不正解ではないのですが、これにも現代に則した考え方が少し必要になっできます。

それはなぜかという説明に入る前に、一つ質問をしましょう。

あなたは、コンサルタントの仕事がどのようなもので、どうやって報酬を得るのか、どういうイメージを持っていますか？

おそらく多くの人が、次のようなイメージを持っているはずです。

月額五万円のコンサルティング報酬
月一回一時間の面談
メール・電話相談は常に可能

これは、いわゆる**「顧問」**という形式です。企業のさまざまな問題を**「相談」**で解決していくスタイルになります。コンサルティング契約を締結することに関して、これが一般的なイメージなのではないでしょうか。

しかしこの方法では、まず成功できません。もちろん、絶対に不可能ということはありませんが、方法としては古く、そして本当に実力がある人にしか向きません。

たとえば、日本で有名なコンサルタントといえば、大前研一氏でしょう。大前氏に相談したいと考えたとき、もし仮に「月額五〇万円で一か月に一度、一時間の面談のみ」と言われれば、それに従うしかありません（あくまで仮定の話です）。

一方、実力未知数のコンサルタントに「五〇万円で月一回、一時間の面談ができます」と強気で言われても、魅力を感じることはむずかしいはずです。つまり、高額な月額顧問料というのは、「強者の戦略」なのです。

もっと言えば、相談だけで月何十万円の報酬が取れる実力を身につけることさえ、簡単ではありません。そう考えると、月五万円程度の報酬が取れれば、まずは御の字といえます。

「月五万円の報酬が取れるなら、十分なのでは？」と思われるかもしれませんが、月五万円でコンサルティング契約を締結して、月一回の訪問を、何社できるでしょうか。時間、体力面などを考えると、一五社前後が精一杯でしょう。そうすると、単純計算の年商ベースですら一〇〇〇万円には届きません。

このように、古いタイプの顧問報酬を増やしたところで、限界は見えているのです。

≫「自分にできること」のブランディングが必要

前述したように、単に「相談」という古いビジネスモデルに頼っていても、高額報酬は望めません。

では、どうすればいいかというと、**「高額報酬条件の企画提案型のコンサルティング契約を締結する」**ことに尽きます。このことは131ページ以降で詳しく解説します。

ともあれ、いったん士業になると、どうしても自分のアイデンティティが「士業」に凝り固まってしまいます。そうすると、自分にできることが士業の仕事だけに見えてしまいがちですが、そうではないのです。

いま士業で独立開業し、同業者と同じ内容の仕事をしていたとしても、過去のキャリアは全員違うはずです。IT業界から士業業界に入ってきた人もいれば、飲食業界から飛び込んだ人もいるでしょう。こうした異なるキャリアを活かして、自分ができることを探し、顧客に提案していくような発想の転換も必要です。

最も重要なのは、**自分ができることを元に企画・提案を行ない、どれだけ顧客に貢**

献できるか。この発想が、成功のための最大のポイントなのです。

「パッケージ化」がコンサルタントを陳腐化させる

ところで、コンサルティングの提供を「パッケージ」で行なうことがあります。

一例としては、インターネットマーケティングの支援パッケージです。これは、Facebookページや、ブログ、メールマガジン（以下メルマガ）の作成などを、ひとまとめにして提供するようなパッケージタイプのコンサルティングを意味します。

美味しいものの詰め合わせのように非常にお得な感じがして、こうしたパッケージを喜ぶ人もいるでしょう。しかし、このパッケージコンサルティングを欲しがっている顧客は、ごく一部であるということを押さえておく必要があります。

企業の悩みは多様化しています。幸運にも、そのパッケージが顧客の悩みどころの解消にマッチすればよいのですが、これだけ経営手法も働き方も多様化する現在、お仕着せのパッケージがきれいに当てはまる確率のほうが低いのです。

一社一社に丁寧にヒアリングして、個別にコンサルティングを提案することは、一見面倒かもしれませんが、結果としてパッケージを押しつけるよりはるかに高い成約率を誇ります。

パッケージ化すれば、何も考えずに実務を遂行するだけでよくて楽なのかもしれませんが、それではコンサルタントとしての経験を積んでいけず、スキルアップも図れません。結果としても現実的にも、一社ごとにオーダーメイドで提供していくことがベストなのです。

≫その努力は無駄になるか？　結果に結びつくか？

士業の時代はどんどん進化してきています。「モチベーション3・0」という言葉がありましたが、資格だけで食べていけた時代を「ver．1・0」とすれば、いまは「3・0」の時代であるといえるでしょう。

いまの時代に則した〝高収益戦略〟をとっていかなければ、マイナンバーというビジネスチャンスを活かし、成功することはできません。

その前提となる知識が、**「ビジネスモデル」**と**「マーケティング」**です。

この二つは、さまざまな勉強をしてきた人にとっては、すでに馴染み深いと思います。しかし、「これを間違えると、どんな努力をしても結果が出ない」と断言してもいいくらい大切なものですから、正しく理解しておきましょう。

最も重要なことは**「ビジネスモデルの選定」**です。これを間違えると、どんなに営業努力をしても、望んだ結果が伴いません。

たとえば、行政書士には「内容証明郵便」の作成という仕事があります。内容証明郵便とは、クーリングオフの通知や借金の督促状などを、法的に正式な通知文として郵送する際の証拠書類のことで、これを依頼人に代わって作成します。依頼人にとっては死活問題にもなる、価値ある仕事です。

しかし、内容証明郵便の作成の報酬額は、数千円から一万円程度と、決して高いものではありません。さらに、内容証明郵便は法的に証拠として残ってしまうため、適当な文面で送ることはできず、作成にはどうしても時間がかかります。

加えて、何度もクーリングオフの依頼をするような依頼人もそうおらず、稼げるビジネスセオリーの一つである**「リピート性」**にも欠けます。

つまり、いくら努力をしても、「働いている割に儲からない」のです。

士業ではよく「ばたばたしている割に、あまり儲けにつながらない」と言う人がいますが、それは儲からないビジネスばかりを選択していることが大きな要因となっているのです。

このように、ビジネスモデルの選定を間違えると、あなたが睡眠時間を削って努力をしたとしても、残念な結果になってしまうのです。

≫マーケティングの基礎知識を確認しておこう

ここからは、**「士業3・0時代の超高収益ビジネスモデル」**を紹介し、そのための効果的なマーケティングをどのように行なうべきかについて解説します。

まずは、マーケティングの基礎知識についてまとめておきましょう。

アナログ営業

人とじかに対面して話をする営業の総称です。

既存客、紹介、勉強会、交流会など、どのような方法でもよいのですが、**直接会って提案します**。人との距離が近いため、成約率も比較的高いといえます。

説明会・セミナー

説明会は、収益を目的とするのではなく、その後のセミナーやコンサルティングなどの受注を目的とします。**無料（または低額）**で集客し、説明を兼ねたクロージングを行ないます。

セミナー中に契約を目指すパターンや、セミナー後に個別にアポイントを取って商談の場を別に設けるパターンなどがあります。

ニュースレター

士業の世界では**「事務所通信」**とも呼ばれています。顧客との距離を保つため、A4用紙一枚程度の情報紙を、紙媒体で配信します。

個人的に役立つ情報があると反応率が高くなり、法律情報のみだと読者が継続しない傾向があります。

セミナーなどの案内を同封することも可能です。ちなみに、セミナーなどの受付は、専用のウェブサイトをつくって行ないます。参加費の支払いはクレジットカード決済か、銀行振込決済などで対応するとよいでしょう。

FAXDM

FAXDM配信代行業者などに委託して、FAXで案内状を送る方法です。一通数円とかなり安いですが、相手先のFAXのトナーや用紙を使うことになるため、クレームも少なくありません。

FAXDMの反応率は、地域や時期によってバラつきがあります。一〇〇〇通送って反応が出ることもあれば、一万通送っても反応がまったくないことがありますから、ある程度テストしていく必要があります。

まずは**一万通ほどの配信を繰り返していく**ことが、一般的なセオリーです。私の会社（パワーコンテンツジャパン㈱）がクライアントにFAXDMをした際には、一万通から二万通の配信で一〇〜三〇人の集客という結果が平均値となっています。

インターネットマーケティング

インターネットマーケティングは常に変化しています。ネット営業の黎明期と比べ、たしかにライバルは増えましたが、まだまだ有効な手段です。

ウェブサイトをつくり、インターネットの検索エンジンの検索結果に表示される**リスティング広告**に出稿することが、代表的な方法です。加えて有効なのが、**YouTubeへの動画投稿**です。

メルマガ

メルマガで読者に役立つ情報を週一回配信します。**配信先は、これまでに会った人や、自社サイトに登録してくれた人**にします。

何もしなければ読者は減少していくので、読者を増やす努力が必要です。たとえば、内容が売込みばかりでは、メルマガの解除が増えてしまいます。売込みとは関係のない記事も入れてメリハリをつけましょう。

メルマガ広告

自前のメルマガではなく、他社のメルマガに広告を掲載することですが、これはあくまでテストです。出してみないとなんとも言えないところがあります。

どのメルマガを選んで広告を載せればいいのかといえば、セオリーとしては**「多くの経営者が読んでいるメルマガであること」「発信部数が多いこと（できれば一万部以上）」「号外広告が出せること」**などが挙げられます。

具体的には、セミナーなら、専用のＬＰ（ランディングページ）を作成し、そこにアクセスを流します。

ただし、あなたのことを「初めて」知る人がほとんどなので、強烈なフックが必要です。たとえば、割引や特典を付ける、ＬＰの中に参加したくなるようなコピーや文章を書き込む、といった工夫が欲しいところです。

顧客を見つける必要がある

くどいようですが、士業にとってマイナンバーはビジネスチャンスです。マイナンバーをきっかけに、セミナーやコンサルティングを受注できる確率が高まります。

しかし、肝心の提案する顧客がいなければ、販売も成約もありません。まずは**「誰に」**ビジネスを提供していくのかを決めていく必要があります。

既存客（自社リスト）

すでにあなたが士業として仕事を進めている場合、いわゆる「既存客」と呼ばれる顧客がいるでしょう。この**既存客に対して提案していくことが、最も早いビジネスの始め方です。**

新しいビジネスとなると、どうしても新しく顧客を集めてしまいたくなるものですが、一度以上あなたから商品・サービスを買ってくれたということは、すでに信頼関係があるわけです。こうした「信頼を寄せてくれている人」に対して商品・サービスを提供していくことを、第一に考えるべきです。

もちろん、クライアントだけでなく、これまでにセミナーに参加した人や、教材の購入者も、既存客になります。こうした人たちの顧客名簿（自社リスト）をつくっていなかったら、この機会にぜひつくってください。

案内を紙媒体で送る場合は、会社名、氏名（代表者名・担当者名）、住所などの管理が必要です。メール媒体で送る場合には、メールアドレスなどの管理も必要になります。

もう一つの顧客候補が、**「これまでに名刺交換した人」**です。一度名刺交換したきりで、もう忘れてしまっている人もいるかもしれませんが、それでも一度会ったことがあるというのはまったく面識がない人よりも近い存在です。ですから、過去に交換した名刺を整理し、既存客と同様に名簿をつくりましょう。

新規客

新規開拓する、あるいは既存客以外も開拓したいなら、新規客を獲得しにいくことになります。その場合には、これまで接点のなかった人にアプローチしていくことが必要になってきます。

ここで有効なマーケティング手段としては、**ＦＡＸＤＭ**や**メルマガ広告**、**リスティング広告**が挙げられます。

ただし、実際にそれを行なう前に、目的が「集客」なのか「販売」なのかを、はっきりさせておく必要があります。集客とは「名簿を取得すること」、販売とは「成約または支払いをしてもらうこと」を意味します。

たとえば、あなたがメルマガ広告を見て、数万円もするセミナーや数十万円もするコンサルティングを、すぐ契約したいと思うでしょうか。やはり、無料で少し内容を見てみたり、相談したりしてからにしようと考えるでしょう。このように、新規客にいきなり販売するのは、なかなかハードルが高いといえます。

ですから、**新規客に対しては、ひとまず顧客候補を獲得することを目的にするのが得策です。**広告はすべて、資料請求や無料相談申込みなど「集客目的」のものだけに絞るのがポイントです。

》商機を絶対モノにするアプローチとは？

顧客が決まったら、それぞれに適切なアプローチ（マーケティング）を行なっていく必要があります。その基本的な考え方は次の三点です。

1. 顧客リストに対して、直接販売の案内をする
2. セミナーで接触し、販売する
3. 会う機会をつくり、提案する

たとえば、次のような流れです。

A. 有料セミナーを行なうのであれば、メールやDMで案内を送る
B. 高額講座を販売したいのであれば、説明会をはさんで販売する
C. コンサルタント契約を取りにいくのであれば、個別に商談の場をつくる

このようにして商機をつくり出せないと、せっかく良好なビジネスアイデアを持っていたとしても、成果に結びつかないので注意が必要です。

士業3・0時代の超高収益ビジネスモデル

いよいよ本題に入ります。どのようなビジネスモデルを選定すれば、努力は報われるのでしょうか。

士業3・0時代の正解は次のとおりです。

❶高額報酬条件の企画提案型コンサルティング

❷資格起業家

❸高収益の法定業務

ビジネスモデル 1

企画提案型コンサルティング

法定業務だけではもう企業をサポートできない

顧客の悩みやニーズに合わせて、法定業務に法定外スキルを組み合わせた提案をしていくのが「企画提案型コンサルティング」です。

法定外スキルとは、法定業務とはひと味違うもので、顧客の悩みに柔軟に対応して解決策を探る、さまざまなコンサルティングやサービスを意味します。

これまで士業は、顧客のニーズに対し、法定業務でしか対応してきませんでした。しかし、それでは顧客の悩みを解決しきれなかったことも事実です。

たとえば、あなたが社会保険労務士で、顧客が「問題社員がいる」ということで悩んでいたとします。これまでなら、就業規則の変更、あるいは労働契約書の見直しくらいが主な提案になるでしょう。しかし、果たしてそれで解決するかといえば、現実的には不十分で、うまくいかないことのほうが多いのです。

これを解決していくのが、企画提案型コンサルティングになります。

現在、このビジネスモデルが最も高額報酬を獲得することができて効果的なのですが、なぜそのようなことが可能なのか、さまざまな観点から考えてみましょう。

時代背景というファクター

士業が苦しくなっている原因は、士業人口の増加や価格競争の激化だけではありません。

インターネットが普及し、情報化社会になり、企業の経営手法も従業員の働き方も、これまでになく多様化してきました。そのため、法定業務だけでは、企業の多様化する悩みを解決できなくなってきているのです。

社会保険労務士の場合、以前は社会保険の手続きなどの労務管理をしていれば問題ありませんでした。ところが、メンタルヘルス対策であったり、あるいは問題社員の相談、会社の理念づくりであったりなど、手続きだけでは解決しないさまざまな問題やニーズが、企業で日々生じているのです。

これらに柔軟に対応していかなければ、単なる手続き代行としての士業に甘んじてしまうことになり、結果として報酬額を上げることは不可能です。

ですから、コンサルタント的に動いて、多様化した問題を解決することで報酬額を上げることが可能になるのです。

高報酬の秘訣は「ヒアリング」と「提案」

さて、どのようにすれば、高収益のビジネスモデルを実現できるのでしょうか。

その秘訣《ひけつ》は**「ヒアリング」**と**「提案」**にあります。

顧客ごとに悩みが違うため、ただ「相談に乗りますよ」と伝えただけでは、具体的な解決策は見えないものです。そこで重要なのが、自分にどのようなことができるかではなく、**「顧客がどんなことで悩み、どうすれば解決できるか」**を聞き出して対策を提案するコンサルティングになります。

コンサルティングとは、相談に乗り、解決方法を提示することだけが仕事ではありません。会社の中に入っていってプロジェクトリーダーの役割を担ったり、あるいは個人面談をして問題解決の糸口を見出したりなど、できることは多数あります。

ここで、先の「問題社員」の例を思い出してください。従来の社会保険労務士なら、就業規則の変更、あるいは労働契約書の見直しを提案するくらいがせいぜいでしょう。

しかし、考えてみれば、その程度のことなら、経営者の手腕で解決できたはずです。相談先は社会保険労務士に限らないし、就業規則を変更するくらいで言うことを聞くような従業員なら、そもそも問題にもならないでしょう。決定的な解決策が見つからないからこそ、困っているのです。

そういう場合には、たとえばこういった提案が考えられます。

まず、問題社員と面談をします。そこで、ふだん社長には言えないような問題がないか、話し合います。あるいは、他の従業員からも話を聞きます。こうしたヒアリング調査をすることで、経営者が問題にしていることとは別に原因がある可能性を探ることもできます。

そのうえで全体会議を開き、そこでファシリテイトします。三か月間、これを実施し、問題社員に何かしらの反省が見られれば、謝罪文や誓約書を書いてもらいます。また、社長との面談の場を設け、第三者の立会人として参加する、というような提案です。

状況によってどのような対応をするかは変わりますが、こうした提案をすれば、単に相談に乗ることや就業規則を変更するだけよりは、ずいぶん具体的な解決策の提示ができます。

ヒアリングしたうえでの解決策の提示は、顧客にとって本当に必要なものです。ストレートに問題解決に向かう道筋がこれで見えてくるわけですから、報酬額も明らかに違ってきます。

提案が「相談」だけなら、顧客側にとっては**「コスト」**に見えてしまうこともありますが、「具体的な解決策」であれば**「投資」**となり、顧客側としても契約しやすくなるのです。

法定業務と法定外スキルの「合わせ技」が最強

「顧客の困っていることを解決する」のが士業の仕事というのは、言われてみれば当たり前のことです。しかし、ここに士業の盲点がありました。その原因は「法定業務」というものの存在です。

士業という、いわゆる「独占業務」のある資格で独立開業してしまうと、自然とその資格特有の仕事「だけ」しなければならないと考えてしまいます。あるいは、それ以外は「してはならない」と思い込んでしまう人もいるでしょう。

前述のように、とくに士業の世界では、専業であることが美しいと考えている人も少なくなく、士業の仕事だけを獲得したいと思い込みがちです。

ところが、「士業の仕事（だけ）を取りたい」というのは、顧客にとってはどうでもよいことです。「自分の悩みを解決してほしい」、たったこれだけの願いなのです。

言い換えると、**これまでの士業は自分が売りたいものを顧客に押しつけていただけで、顧客の話など聞いてもいない。**極端な表現をすれば、こういうことなのです。

重要なのは、顧客をよく見て、話をよく聞くことです。顧客が何で悩んでいるのかを知り、また何で喜ぶのかを考えることが、最大のポイントです。顧客に貢献するのは、何も士業の仕事でなくてもよいのです。

だからこそ、士業3・0時代に最有力のビジネスモデルは**「法定業務と法定外スキルを合わせた高額報酬条件の、企画提案型コンサルティング」**になります。

つまり、顧客の悩みやニーズを聞き出し、そして法定業務と法定外スキルを組み合わせて提案できるコンサルタントになることが、士業にとって現時点で最高収益が見込めるビジネスモデルであるといえます。

企画提案型コンサルティングのマーケティング

企画提案型コンサルティングのマーケティングには、さまざまな方法があります。飛び込み営業、紹介、セミナーなど、きっかけは何でもかまいません。

重要なのは、**「商談」「雑談」「情報交換」の場を何とかして設ける**ことに尽きます。紹介であれセミナーであれ、とにかく経営者とじかに話す機会をつくってしまえば、もう半分くらい目標を達成したようなものです。あとはヒアリングし、顧客のニーズに合った提案をしていくだけです。

この方法は、驚くべき成約率を誇ります。理由はとても簡単で、「相手が欲しがっているもの」に対して、それにふさわしい提案をすればよいだけだからです。

相手の話をじっくり聞き、後から法定業務と法定外スキルを組み合わせて提案すること。そのコツさえつかんでしまえば、多数の契約を獲得することができるでしょう。

ビジネスモデル 2

資格起業家

「逆転の発想」が新たなビジネスモデルを生んだ

企画提案型コンサルティングと並んで収益性が高いのが、「資格起業家」というビジネスモデルです。

「士業の仕事（法定業務）を取るために営業をする」という当たり前のビジネススタイルから、**「士業の仕事を取るためにビジネスをつくってお金を稼ぐ」**というビジネススタイルへと逆転させたのがこれです。

これは、最初から士業の仕事を取っていくのではなく、先にセミナーやコンサルティング、コーチング、勉強会などをしかけてお金を稼いでから、派生的、あるいは結果的に士業の仕事を取っていくというビジネスモデルになります。

つまり、**「お金をもらいながら士業の仕事を取っていく」**という画期的なビジネススタイルであったことから、士業業界より大きな反響をいただきました。

このビジネスモデルを始めて一〇年が経ちますが、さらに進化させた「資格起業家のタイプ」を紹介します。

勉強会型

定期的にセミナーなどを行なうビジネスモデルが「勉強会型」です。

一般的な例としては、月一回の定例セミナーを行ない、**会費制**で収益を上げていきます。

勉強会型の特徴は、継続収入が見込めることです。定期的にセミナーを行なう労力はかかりますが、一度会員が集まってしまえば継続して収入が見込めるのでおすすめです。

コンテンツ型

基本的に、対面してコンサルティングを提供できるのは一度に一人です。「グループコンサルティング」などの形もありますが、それでも一〇人、二〇人を同時にコンサルティングすることは不可能です。

そこで、人材を採用して、自分自身のコピーを育成するのも一つの手です。しかし、現実問題として人材の育成には非常に時間がかかり、また育て上げても独立してしまう可能性を含んでいるため、迷うところではあります。

こうした時間的・物理的な制限を外すビジネスモデルが「コンテンツ型」です。「コンテンツ」とは、ここでは**セミナーや研修、CD・DVD教材**などを主に指します。自分が行なったセミナーや研修などを収録して商品化するケースがほとんどです。こうしたコンテンツをつくることができれば、セミナーならば三〇人、四〇人といった大人数の参加者に対して一度に提供し、利益を出すことができます。

CD・DVD教材であれば、インターネットを通じて五〇人でも一〇〇人にでも販売することが可能になります。

高額講座型

前述のコンテンツ型と似ていますが、「高額講座型」は比較的高い参加費の講座を企画し、講座そのものを収益にするビジネスモデルです。

たとえば、キャッシュフロー経営の方法と解説の落とし込みを数日かけて行ない、その参加費が一〇万円前後から五〇万円、一〇〇万円を超える講座を行なっているコンサルタントもいます。

高額講座のポイントは、**少人数の集客で、かつ利益を大きく上げることを目的にすること**です。二、三人程度の参加者でも、一人当たりの参加費が二〇万円、三〇万円という金額であれば、コンサルティングよりも利益が上回る可能性があります。

これこそ、〝負けないビジネスモデル〟のうちの一つ、「高額商品を扱う」という条件をクリアしています。

「一〇〇人、二〇〇人を集客するのは、とてもじゃないけどできない」という人におすすめです。少人数の集客で、高収益を実現できます。

資格起業家のマーケティング

勉強会型およびコンテンツ型の場合

勉強会型・コンテンツ型のマーケティング手段としては、ともに**「リストマーケティング」**が最適になります。

リストマーケティングとは、顧客名簿（自社リスト）を集め、そのリストに対して

DMやメルマガを送るという方法です。アメリカでは**「ダイレクトマーケティング」**と呼ばれ、ビジネスのあり方を大きく変えた、数あるマーケティングの方法のなかでも代表的なものです。

勉強会型・コンテンツ型で成功したいと考えているのであれば、最もおすすめなのが**メルマガ**です。

メルマガは二〇〇二年あたりが最も熱いブームとなりましたが、最近はソーシャルメディア人気の影に潜んでいるような存在になってしまいました。ただし、販売するということに関しては、他のツールに比べて圧倒的な効果があります。

私のところにはマーケティングに関するさまざまな相談が寄せられていますが、「セミナーの集客がうまくいきません」という内容が比較的多くなっています。

そうした相談者に対して、「どのような手段で集客したのですか？」と尋ねると、「Facebookでの投稿、Facebookページの作成、ブログでの投稿、Twitterでの投稿、自社サイトへの掲載です」という回答が返ってきます。

たしかに、Facebook上での友人が多数いれば、見てくれる可能性はあります。Twitterのフォロワーが多数なら、つぶやきを見つけてくれる人が出てくるかもしれません。ブログも同様です。しかしながら、これは「運」に頼った、なんとも頼りない方法であることに気づいていない人がほとんどなのです。

ソーシャルメディアだけで集客するのは、ほぼ不可能です。**バイラル（ロコミ）**で広がることを期待したとしても、そう都合よくシェアはされず、結果としてセミナーの集客はむずかしいのです。

なぜ、こういったソーシャルメディアでの集客がむずかしいのかといえば、そこでは相手が「見つけてくれること」が必要だからです。どんなに熱心に投稿したところで、相手が見ようとしなければ、気づかれないことがほとんどなのです。

これに対して、メルマガはどうでしょうか。

メルマガが他のソーシャルメディアと違うのは、登録さえされていれば、相手のメールボックスまで通知が届くという点です。つまり、**「こちらから直接声をかける」**ということが可能になっているわけです。

もちろん、迷惑メールフィルターが強化され、メルマガが届きにくくなっているというケースもあります。それでも、信頼できる配信スタンドを使い、良質な情報を送っていれば、メルマガはまだまだしっかり届きます。

いまではChatWorkやLINEのようなチャットツールも増えましたが、多くの人が一日数回はメールのチェックをするものです。

このように、リストマーケティングを行なって「直接相手に伝える」ことをしなければ、勉強会型、コンテンツ型のいずれにしても、集客は極めてむずかしくなるでしょう。

高額講座型の場合

高額講座型で代表的なマーケティング手段は**「説明会」**です。

仮に五〇万円の講座を企画したとして、何の躊躇もなくすぐに申し込める人は、そうはいません。どんな内容の講座で、スケジュールはどうなっているかなど、いろいろ確認したうえでないとむずかしいでしょう。

そこで、講座を行なう前に説明会を一度はさみます。この説明会で、講座の概要やメリットなどを伝えたうえで申し込んでもらうという流れです。

実際、五〇万円、一〇〇万円を超える講座のほとんどが、説明会をはさんでいます。まずこの説明会に参加者を集め、そこで成約に結びつけていくのが一般的です。

高額講座型を取り入れることによって、比較的短い時間で高収益を獲得することが可能になります。

ビジネスモデル3 法定業務

法定業務の高報酬化

最後に忘れてはならないのが、士業の本業である「法定業務」です。

法定業務だけでは苦しくなっているのは前述のとおりですが、考え方を少し変えることで、法定業務もまだまだ強いビジネスモデルになります。この発想の転換こそが、「士業の法定業務を高収益化する考え方」です。

法定業務の中には、そもそも儲からない仕組みになっているものが多くあり、努力して仕事を受注してもお金が残らないことが少なくありません。では、どのようにすれば高収益の法定業務を契約できるようになるのでしょうか。

それにはまず、士業の法定業務の報酬額がどのように決められるのか、その仕組みを改めて考えてみる必要があります。

そもそも過去には**「報酬規程」**というものがあり、それぞれの業務や書類の報酬額が決まっていました。結果、誰がやっても同じ金額になります。これが「資格を取れば人生安泰」と言われた理由の一つです。

重要なのは、法定業務の多くはもともと、その書類の作成量や作業時間によって報酬額が決められていたということです。ですから、作成書類や添付書類などが多くなれば、報酬額も高くなります。つまり、法定業務の報酬とは、主に「書類」に付けられた値段であったのです。

時は流れて自由競争の時代となり、報酬規程は撤廃され、法定業務の報酬額は徐々に下がってしまいました。

そこに追い打ちをかけるように、紙媒体に代わって電子媒体の申請手続きが増えました。これによって作成書類や添付書類は減少し、報酬額もますます下がるという衰退期に入ったのです。

しかし、こんな時代でも報酬額を上げる方法は存在します。それには、**「時間の契**

約にする」という発想の転換が必要です。

たとえば、行政書士の法定業務である「内容証明郵便」の作成ですが、何も考えずに受託すれば、それこそ数千円から一万円程度の仕事になってしまいます。これを時間の契約に変えるのです。

つまり、たとえば「内容証明郵便作成一通につき三万円」になるところを**「一年間の契約」**などとします。

例：提案（1）内容証明郵便作成　一通　三万円
提案（2）○○△△の案件に関する書類作成および相談契約
契約期間：一年間
委託内容：内容証明郵便作成（同案件については、何通でも作成）
相談：一年間の相談料無料
委託代金：一年間のすべての業務・相談込み　一〇万円

この二つの選択肢を提示したうえで、顧客にどちらがいいか選んでもらいます。

実際に内容証明郵便を作成すると、Ａ４用紙で一枚か二枚になってしまうことがほとんどです。そのたった一枚や二枚のために、三万円も五万円も出す気には、さすがになれないでしょう。しかし、契約期間内に何度でも相談できるとなれば、実際には一通しか頼まないにしても、顧客にとっては安心材料になります。

私の経験上、「どうせ頼むのであれば、安心できるほう」が選ばれることが多いです。視点を変えて、時間の契約にすることによって、単価が低かった法定業務を高い報酬に変えることが可能なのです。これを**「選択式提案法」**といいます。

スポット業務の顧問継続化

とくに行政書士や司法書士から、**「スポット（単発）業務が中心で、食べていくのが苦しい」**という声をよく聞きます。会社設立や相続登記などの仕事は、たしかにリピートするわけではなく、稼げるビジネスモデルのセオリーには合いません。

しかし、この問題も「選択式提案法」で解決します。会社設立業務を例にとれば、こうなります。

例：提案（1）会社設立業務一式　一〇万円
提案（2）手続き顧問契約　月額二万円
内容：会社設立手続きの一切をこの金額に含む
・相談料無料（顧問料内）
・各種士業、専門家の紹介
・月一回のニュースレター配信（融資・助成金情報）
・各種ビジネス文書書式の提供

このように、**スポット業務だけを提案するのではなく、その業務を含んだ形の顧問契約も同時に提案して、相手に選択してもらうという方法です。**

「スポットのほうがいい」という顧客もいるでしょうが、二種類の提案を見比べることによって、「顧問契約のほうがお得」と感じてもらえれば、顧問契約が選ばれる可能性も十分あります。

実際にこの方法を私の士業仲間に伝えたところ、行政書士も司法書士も顧問契約を獲得することができました。

「スポット業務だから食べていけない」という認識は、すでに過去の遺産です。現在は工夫さえすれば、顧問契約が獲得できるのです。

法定業務のマーケティング

「法定業務の高報酬化」と「スポット業務の顧問継続化」の方法を覚えたら、後はマーケティングを実際にしかけていく段階に入ります。

なお、法定業務モデルのマーケティングの方法は豊富にあり、それだけで本一冊が軽く書けるほどなので、ここではマーケティングを実践する前に準備しなければならない三つのポイントに絞って説明します。

①自己開示

繰り返しますが、士業の仕事そのものは、報酬額が下がっています。とくにインターネットを通した営業では、同業者との比較が簡単にできてしまうため、価格競争はより激しくなっています。

しかし、いくら価格競争が熾烈《しれつ》を極めているからといって、ただ安ければいいということにはなりません。たとえば、税理士がなりふりかまわない顧問契約の安売りをすれば、自分の薄い財布の中身を公開するようなことになるからです。

重要なのは、顧客が士業に「何を」「いくらで」頼むのかということと同時に、「誰に」依頼すれば安心かという部分が、有力な検討材料になっていることです。

私がクライアントに調査した範囲でも、「コンサルティングを依頼した理由」のトップは、いつの時代も**「先生の人柄が良かった」「実績や人柄から信頼することができた」**からでした。

このように、価格よりも何より「人」というファクターが、顧客にとって士業選びの決め手になっているのです。

ですから、法定業務を取るための最善策は、差別化できない法定業務のPRではなく、**士業のパーソナリティを伝えることに尽きます。**つまり、差別化するのは仕事ではなく、士業自身になります。

そのためには、個人的な情報を提示することが重要になります。具体的には、学歴、職歴などです。これを心理学では「自己開示」と呼びます。これが一つ目の準備です。

人は、共通点がいくつも見つかった人に対して、少し大げさにいえば運命を感じます。ですから、顧客に対して、自分に興味や親近感を持ってもらい、仕事を依頼したい気持ちにさせるのが、マーケティングのスタート地点になります。

パーソナリティを強調したマーケティングは、士業業界では本当に効果的です。ただでさえ敷居が高いと思われやすい仕事なので、自分のことをオープンにする人は好感が持たれます。

名刺や会社案内などに自分の情報を掲載し、人に会うことを続ける。そんな方法で、その回数を重ねるだけでも、紹介は増えていきます。

法定業務の獲得から取り組みたいという士業は、この自己開示をまず行なってみてください。

②顧客成功事例

顧客から成功事例を集めることは重要です。いわゆる**「お客様の声」**です。

法定業務の獲得に限らず、ビジネスをするうえで重要なのは「顧客の信頼を得ること」です。士業の資格があるだけで、顧客からの信頼性は基本的に高いのですが、それだけでは実績のある事務所に敵《かな》いません。

[　顧客成功事例　]

■天才塾　現役会員様　インタビュー

「しっかり教えてもらえるところは必要かな、と」

資格を取って資格の仕事をやるのではなくて、
やっぱり資格で起業するんだぐらいのことは必要だという
認識はあったので、それでもうこれだという感じですね。

社会福祉士・行政書士　鈴木雅人さん

インタビュー全文はこちら »

「マーケティング、ビジネスモデルの網羅性に驚いた」

特に弱いところが伸びます。弱いところが０から８になる
ほうが、強いところが９から１０になるより効果がでかい
ので、そういう考え方ですね。

税理士　蔵田陽一さん

インタビュー全文はこちら »

「横須賀さんからの一通のメールで決めました」

質問をメールでお送りしたら、すぐにすごく長いメールが
返ってきて、「わぁー」と思って。で、即ですね、申し込み。

司法書士　手塚宏樹さん

インタビュー全文はこちら »

「自分自身の成長に役立っています」

講師・受講生を含めて意識の高い方とつながりができる。
東京発信の最新情報がつかめる。
都合が悪くて欠席した際にもフォローが充実している。

社会保険労務士　北出慎吾さん

インタビュー全文はこちら »

「ほんとに割のいい投資だと思う」

もう、何倍になって返ってきたか分かんないくらいです。
100倍とかになっているじゃないですかね。

税理士　黒川明さん

インタビュー全文はこちら »

「教材が豊富なことも魅力のひとつです」

はっきり言ってほかの教材やセミナーが不要になるくらい、
資格で成功するためのノウハウがつまっています。

中小企業診断士　ハワード・ジョイマンさん

インタビュー全文はこちら »

パワーコンテンツジャパン㈱の士業向け経営スクール『天才塾』のサイトより抜粋。
2008年から「お客様の声」を集め続け、アンケートは6000通以上に及ぶ。『天才塾』の会員数は、お客様の声の掲載により1.5倍以上に増えた。

そこで重要となるのが、第三者からの客観的評価としてのお客様の声になります。実際にその例を見たほうが早いでしょう（前ページ参照）。

こうしたお客様の声を、「事務所案内」に掲載します。また、ウェブサイトにも掲載します。こうすれば、商談成約率や問合せ率が高まります。二つ目の準備としてこれが重要です。

すでに顧客がいるなら、その顧客に頼んで「声」を集めます。まだ顧客がいなければ、セミナーなどを無料か低額でもかまわないので行ない、お客様の声を集めて、営業に備えるべきです。

③事務所の「強み」

三つ目の準備は、自分の事務所の「強み」をつくることです。

「当事務所は助成金に強い事務所です」

「当事務所は節税・融資に強い経験豊富な税理士が在籍しています」

このようなキャッチコピーで強み、つまり特徴をアピールしている士業事務所は多数あります。

何の特徴もない事務所よりは、特徴のある事務所へ。もっと言えば、「お得」な事務所に依頼したいと考えるのが、顧客にとっては普通です。そこを考慮して、自分の事務所の強みを考えていきます。

「強みと言われたって、まだ独立開業間もないし、これといった強みはないのですが……」

この場合、たしかに五年も一〇年も事務所経営をし、経験を積んできた士業と比べれば、一つの特徴を掲げて勝つのはむずかしいといえます。

そこで、一つの強みではなく、「多数の強み」で勝負をする方法があります。「私の事務所は三〇の強みがある」というように、数で勝負するのです。

もちろん、強みは三〇個なければいけないわけではありません。できるだけ数は多いほうがよいのですが、自分が出せる分だけ出せれば、現段階ではOKでしょう。

「相談料無料」というのも一つの強みです。さまざまな視点で考えると、案外簡単に見つかるものです。こうした強みを積み重ねていきます。

顧客のところに行って打ち合わせをしたり、相談を受けたりしているのであれば、**「出張料無料」**、あるいは**「出張可能」**と謳《うた》うこともできます。

また、「ＩＴに強い」「飲食業界の経験あり」など、士業とは関係のない知識やキャリアも強みになります。「専業よりも変わったキャリアを持っているほうが、かえって面白い」と言われて、仕事が取れた例も少なくありません。

ですから、仕事が取れないと嘆くのではなく、一つでも多く強みを増やす前向きな努力が必要です。そうすることで、確実に仕事が取れるようになるのです。

≫どのビジネスモデルを選定すればいいか？

ここまでで、三つの超高収益ビジネスモデルを紹介してきましたが、それぞれに向き、不向きがあります。

いったいどのビジネスモデルがいいのか。ビジネスモデル選定の際のポイントを挙げておきます。

ビジネスモデル 1

企画提案型コンサルティング

企画提案力、ヒアリング能力が試されるビジネスモデルです。

顧客のニーズ、とくに隠れた悩みや要望を引き出し、法定業務と法定外スキルを合わせてアイデアを出していくこのビジネスモデルは、**士業の実務経験以外にコンサルティング経験がある人**におすすめです。

商談は水物ですが、そこでの会話を通してヒアリングするのですから、アドリブ的な機転もある程度求められます。ですから、上級者向けといえるでしょう。

ただし、「顧客のこんな悩みには、どう提案すればいいのか」と迷ったときに**相談できるパートナーか良き師匠がいる人**は、上級者でなくても積極的にチャレンジするべきです。

高確率で、高収益の契約が取れる可能性があります。

ビジネスモデル ❷

資格起業家

マーケティングを勉強してきた人におすすめのビジネスモデルです。

セミナーやコンサルティングの販売には、集客のテクニックがある程度必要です。新たにメルマガやセミナーを手がけることになるので、これまで士業一本でやってきて、自分の仕事を拡大させたいと考えている人には打ってつけでしょう。

「勉強会型」は参加者を増やし、維持していくのに大変な労力を伴うものの、最終的には「高額講座型」の売上を超えることが可能です。ですから、勉強会型を地道に構築していくこともやり方の一つです。

ところで、「マーケティングを勉強してきた人におすすめ」と述べましたが、**これから独立開業する人**こそ、ぜひチャレンジしてほしいと思います。

法定業務はニーズ商売であるため、自分からはしかけにくい面があります。セミナーやコンサルティングの仕事は自分の営業力次第で取れますが、離婚、相続、各種許認可申請などは、相手の都合があって初めてニーズが生まれるものです。

「士業としての経験を積んでから」という気持ちもわかりますが、時代を見据えて先手を打つつもりでチョイスしたいものです。

ビジネスモデル❸ 法定業務

「士業一本でいきたい」という職人気質の人は、このビジネスモデルが向いているでしょう。

士業での生き方は自分次第です。これを選べば、まだまだ士業だけで稼ぐことができるので、本業での収益を強くしたい人にはおすすめです。

もちろん、❶❷のビジネスモデルを目指す人にとっても、士業の本来業務を獲得したい場合は、迷わずこのビジネスモデルを取り入れるのがベストでしょう。

とくに社会保険労務士の場合は、マイナンバーによって社会保険への加入が促進すれば、本業でもビジネスチャンスが広がります。マイナンバー対応のコンサルティングを行なわない場合でも、法定業務から売上を伸ばしていくことが十分可能なので、この機会を見逃さないでください。

マーケティング手段としては、セミナーやコンサルティングでしかけていけばよいですが、既存客に対して提案することを基本にします。新規客への対応は、プラスアルファの仕事と見るのがよいでしょう。

新規開拓をする際に、コンサルティングと法定業務の同時提案も一つの手ではありますが、企業によってはすでに社会保険労務士が顧問になっている可能性があります。とはいえ、その顧問の社会保険労務士がマイナンバー対応に遅れているならば、**顧問契約の切替えのチャンスに**なりますから、状況によっては提案してみる価値はあります。

ただし、士業の世界というのは非常に狭いところでもあり、「この人があの人の仕事を奪った」という噂が立ったら、業界にいづらくなる懸念がなくもありません（個人的には経済活動は競争なので、気にしなくてよいと思いますが）。

そこで、顧問の社会保険労務士がいる企業には、コンサルティングの部分だけ請け負う方向で打診するのが得策です。

企業としても、これまでお世話になった士業との顧問契約を、いきなり解除できない事情があるかもしれません。基本的には「邪魔をしない」ことがポイントになります。

海外に視野を広げなければ生き残れない？

最後に、「海外ビジネス」について簡単に触れておきます。

日本は少子高齢化に伴い、人口が減少していきます。人口が減少すれば当然、マーケットとしては小さくなるので、将来の日本は商売に不向きな国になるでしょう。

今後、企業はマーケットを求めて海外進出する可能性があります。最近では地方都市で成功した場合、従来のように東京・大阪に進出するのではなく、ベトナムなどの東南アジアに進出するケースが増えています。そのほうが、家賃や人件費なども安く抑えられるからです。それで海外志向はより強くなっているといえます。

士業が**「海外進出支援コンサルタント」**になるかどうかは、個別の判断となりますが、「まったく知らない」「興味がない」では、めぐりめぐって顧客離れにつながる懸念もあります。

「どうせ頼むならお得な人」に依頼が来るのが士業の常です。海外進出は中小企業でも将来的な検討要素になっていくことは確実なので、他人事と思わず、海外の動向に興味を持っていくことをおすすめします。

［第5章］

いますぐ始める！
実践
マイナンバービジネス

情報収集法とアイデア発想法

この章では、マイナンバービジネスの具体的なアイデアを紹介していきますが、その前に、どのように情報を収集し、アイデアを発想するのかについて頭に入れておきましょう。

基本的には、情報はまずインターネットでいち早く手に入れて、すぐに人に話していきます。ナマの情報はインターネットでは入ってきませんから、リアルに人と会って話すのが一番です。それらのインプット・アウトプットのスピードと量を増やすことで、より質の良い情報が返ってきます。

「アイデアが盗まれるかも?」という心配は無用です。実際に人のアイデアを盗む人はほとんどいないので、出し惜しみせず、どんどん人に話していきましょう。

代表的な情報源は、**国税庁メールマガジン**（www.nta.go.jp/merumaga）や**厚生労働省メールマガジン**（www.mhlw.go.jp/mailmagazine）、**Yahoo! ニュース**（news.yahoo.co.jp）などです。Yahoo! ニュースに関しては、ニュース自体だけでなく、コメント欄を見ることで世間のリアルな反応をつかむことができます。

人のビジネスを参考にするのもよいでしょう。たとえば、飛び込みで来た営業マンの話は、とりあえず全部聞いてみます。彼らがどんなふうに提案してくるのか、自分はそれをどう感じるのかを観察することは、非常に勉強になります。

また、異業種の人に会って、その人のキャリアについて聞くと、多角的な視点を得られるのでおすすめです。

さらにこれからは、海外の先進的な事例を研究して、現実的なリスクやアイデアを模索していくのも効果的なはずです。

マイナンバーの民間利用はまだ先の話になりそうですが、日本のマイナンバー制度は諸外国を参考にしてつくられているので、ドイツ、アメリカ、スウェーデン、オーストリア、フランス、デンマーク、韓国、シンガポールなど、日本より早くマイナンバーを導入しているこれらの国で、どんな企業が成功しているのか、実際にどのような違反があったのかを分析すると、新しいビジネスチャンスや、顧客への提案方法が見えてくるかもしれません。

マイナンバービジネスの具体的なアイデア

それではここから、マイナンバービジネスの具体的なアイデアを一挙に紹介していきます。

すでにチャンスが来ているのですから、一日でも早くスタートをしたいものです。こういうときは、**スピード勝負**です。しかけるのに時間がかかりすぎては、成功率は下がってしまいます。自分にできそうなものからチャレンジしていきましょう。

idea 1

セミナーで稼ぐ

一日セミナー

一日セミナーを企画し、一万円から三万円程度で参加費を設定します。

テーマとしては、**「企業のマイナンバー対応が一日でわかるセミナー」**などがよいでしょう。社会保険労務士の場合は、「助成金の獲得」というトピックを加えても効果的です。

このように、セミナーで収益を上げることをストレートに目指せば、十数万円から数十万円の売上が見込めます。

既存客（自社リスト）にメールとニュースレターで告知

すでにニュースレターを発行しているなら、メールと併用して、紙媒体とネット媒体の二種類で告知すると効果的です。

どちらか一方だけでもよいのですが、「メールでも見た、紙媒体でも見た」と二回以上人の目に触れる機会をつくると、集客効果が高まります。

メールでは、セミナーの案内文の中に申込用のリンクを設定します。一方、紙媒体では、紙面に申込記入欄をつくってＦＡＸで申し込めるようにしておくか、別途申込用紙をはさみ込むことが必要です。

既存客には「割引価格」で顧客ロイヤリティを高める

既存客、とくに自分のクライアントに対してセミナーを行なう場合は、通常よりも割り引いた参加費を設定するのがベターです。特典のようなものがないと、他の顧客と同格扱いになってしまい、「すでに顧問料を支払っているのに、またお金を払うのか」という不満が出るかもしれないからです。

最初から「割引価格」で顧客ロイヤリティを高めると、満足度も高まります。

既存客で「お客様の声」を集めるプレセミナーを実施

「最初からお金を取ってセミナーを始めるのは自信がない、抵抗がある」という場合には、既存客のうち最も仲の良い数人に声をかけて、プレセミナーを開くとよいでしょう。

これは無料でかまいません。その代わり、確実に参加者の声、つまり「お客様の声」を集めるようにします。こうすることによって、顧客のリアルな反応もわかります。

集めたお客様の声は、ウェブサイトやセミナーのチラシなどに掲載することで、プロモーション効果を高めることが可能です。

「初回限定」の特典を付ける

初めてセミナーを行なう場合は、「初回限定」の特典を付けるとよいでしょう。たとえば、何かしらの書式集や教材などが効果的です。

もちろん、初回限定は「割引価格」でもよいのですが、参加費を下げてしまうと当然、利益も下がってしまいます。できれば何かをプラスして、価格を下げない方向で考えることが重要です。

なお、既存客だけでなく、これまで名刺交換した人すべてに案内を出すことが重要です。

新規客にメルマガ広告で「高額セミナー」をしかける

新規客に「高額セミナー」をしかけるのは、少しハードルが上がります。あなたのことを知らない人に向けて告知するのですから、既存客向けのように簡単にはいかないものです。とはいえ、マイナンバーはホットな話題ですから、高額セミナーでも効果は見込めます。

その集客で最も有効なのは、メルマガ広告です。その他の広告やＦＡＸＤＭも有効ですが、メルマガほど直接的な手段ではないため、高額セミナーには不向きです。もちろん、圧倒的な広告費をかけるなら獲得できる可能性は高まりますが、基本的にはむずかしいと考えたほうがよいでしょう。

支払方法を増やす

既存客向け、新規客向けの双方に通じることですが、決済手段が複数あると、高額セミナーの成功に役立ちます。

クレジットカード決済と銀行振込決済の最低二種類あるといいでしょう。人によって好きな支払方法がありますし、好みの方法を選んでもらうことが重要です。

複数日セミナー

一日で終わるセミナーではなく、複数日にわたるセミナーを企画します。

この場合、参加費も高額にすることが可能です。二日間で一〇万円、三日間で一五万円などの金額を設定することもできるでしょう。

「説明会」をはさんで高額セミナーを提案

ただセミナーを見つけただけ、知らせてもらっただけで申し込む人は、日数的・金額的に考えても、決して多くはないでしょう。ですから、一度は「説明会」をはさむ必要があります。

説明会で、マイナンバー対応の重要性と、セミナー参加の必要性を説き、それから申し込んでもらうという流れです。

説明会は無料で行ないます。このときは無料でも、高額セミナーで利益をとっていくことになります。

「二日間」「三日間」実施して受講費を高める

一日セミナーだと、どうしても設定金額には限界があります。一日で五万円、一〇万円を設定する猛者《もさ》もいるようですが、やはり一日（半日）では一万円から三万円くらいまでが妥当な金額ですし、集客しやすいといえるでしょう。

セミナーの参加費を高めるために特典を増やすなど、さまざまな方法がありますが、簡単なのは日数を増やしてしまうことです。

ただし、五日間、六日間のような長すぎる日程では、顧客側としても参加しにくいものです。どんなに長くても三日間くらいまでに抑えておいたほうがよいでしょう。

セミナーの「組み合わせ」や「形式」で集客力を高める

「二日間でマイナンバーのことがよくわかりますよ」といくら言っても、「一日セミナーより単に時間が長いだけだろう」と判断されてしまえば、多忙な企業の担当者など、顧客は一日セミナーのほうに流れていってしまうでしょう。

そこで、セミナーのテーマを分けて行ないます。たとえば、一日目は「総論」、二日目は「企業の対応方法と現場への周知」のような形です。

また、複数日セミナーの場合は、「ワーク形式」を取り入れると集客しやすく、満足度も高めやすいといえます。

たとえば、「二日間でマイナンバー関連のすべてを理解し、必要な規定・書式もつくり上げるセミナー」などとすると、顧客も「これを受ければ、他の勉強をしなくて済む」と納得して、参加したい気持ちが高まるはずです。

セミナーのタイムスケジュールを効率的に組む

参考までに、私の会社（パワーコンテンツジャパン㈱）で採用しているセミナーのタイムスケジュールを紹介します。東京で開催し、遠方の顧客も募るような場合に有効なスケジュールです。

セミナーは二日間。一日目は、昼一三時からスタートし、夜は一八時か一九時までで、その後に懇親会を実施します。そして二日目は、朝九時から始めて、昼食をはさみ、一五時か一六時までに終わります。こうすることで、遠方の顧客は一泊だけで参加することが可能になります。

一日目のスタートが朝一〇時だと、遠方の顧客は前泊しなければならない可能性が出てきますし、二日目の終わりが夜一九時だと、その日中に帰りたくても帰れないかもしれないからです。

ですから、**「一日目は午後始まり、二日目の夕方終了」**というのが歓迎されやすいスケジュールであるといえるでしょう。

idea 2

研修で稼ぐ

研修は、マイナンバービジネスのなかで最も取り組みやすく、効果も出やすいアイデアであると考えています。

企業は、社内への周知を研修するにせよ、しないにせよ、すべきものですし、そのために担当者を置いて、準備しなければなりません。外部の講師に研修を担当してもらえるなら手間が省けますし、非常に通りやすい提案だといえます。

企業が行なわなければならない研修は、大きく分けて**「マイナンバーの総論的なものを企業内に周知するための従業員研修」**と**「現場の人がどのように対応すればいいかを伝える担当者研修」**の二種類です。

研修の「実績」を無料でつくる

セミナーは一般向けに知識の習得を促すものですが、研修は社員教育に近いことを行なうものです。

そのため、依頼する立場としては、その研修講師がどれほどの企業から呼ばれ、実際どうだったのかという「事例」が気になるものです。事例とは、まさに「実績」のことです。

そこで、自分のクライアントに、あらかじめ無料（または低額）で研修を行なわせてもらい、「お客様の声」を集めて実績をつくっておくことも、スムーズに進めていくポイントになります。

既存客に研修を提案する

前述のセミナーと同様に、既存客（自社リスト）にニュースレターとメールの形で告知すればよいでしょう。

ただし、既存客には直接会うことが、研修の成約率を高める一番の方法になります。「もしよろしければ、私が研修を担当しましょうか？」とじかに提案すればこそ、マイナンバー対応に追われているなら〝渡りに船〟とばかりに話に乗ってくれる可能性が高まります。

部署ごとの研修を提案し、研修単価を高める

企業の規模が大きければ、部署が複数あるはずです。そこで、「部署ごとに研修したほうが効果的ですよ」という提案をすることも一つの手です。

たとえば、「一回が二〇万円」と言われると高いと感じますが、「四つの部署で各五万円」ならば、少し安く感じられるでしょう。

単純に「研修します」では、企業側の指示をただ待つだけになってしまいます。自分なりに少しでも研修単価・研修効果を高められるように、積極的な提案をしていくべきです。

「研修プログラム」と「お客様の声」の二点セット

研修を提案するのに、ただ「できます」と言うだけでは、それがどんな内容で、どれほどメリットがあるのか、企業側に知ってもらうことはできません。

そこで、「研修プログラム」をつくります。できるだけ細かくテーマと内容を記載してつくるとよいでしょう。それに、別に集めておいた「お客様の声」を付けて提案します。

せっかくビジネスチャンスがあっても、こういった「販促ツール」がないと、企業側に理解してもらえません。「巧遅は拙速に如《し》かず」とは言いますが、研修の仕事を取るには最低でもこの二点セットは必要になります。

idea 3

講師料・講演料で稼ぐ

セミナーや研修は「自主開催」がすべてではありません。集客のお膳立てをしてくれる「他社開催」のセミナーや研修で講師になり、講師料・講演料を得ることもアイデアの一つです。

講師の依頼を受けるために、『**講演依頼.com**』（www.kouenirai.com）や『**日経コンサルタント**』（nikkei-cst.jp）などの講師派遣サイトに登録しましょう。同様の登録サイトは多数あります。

ほとんどの登録サイトでは、プロフィールを掲載することが必須となっています。そのプロフィールを「マイナンバー寄り」にするとよいでしょう。

誰もが一度はプロフィールをつくったことがあると思いますが、プロフィールは一種類でなければならないという決まりはありません。ですから、「いまは」マイナンバーの専門家として登録するのも一つの戦略です。

しかしながら、講師というのは安定して収入を得られるわけではありません。一回の講師料・講演料はピンきりで、一回で一万円しかもらえないこともあれば、二〇万円以上もらえることもあります。

継続して講師の依頼を受けるには、それなりの実績が必要になります。また、出版・マスコミ掲載などのブランディングがあるほうが有利に働くことも覚えておくとよいでしょう。

講師料・講演料だけで稼ぐのはむずかしいといえるので、**「セミナーや研修中に自分の仕事をＰＲする」「終了後、名刺交換などをして顧客名簿（自社リスト）を増やしていく」**といった工夫が必要です。

idea 4

コンテンツ販売で稼ぐ

セミナーの内容をCDやDVDに収録し、教材として販売するのも立派なアイデアです。いわゆる「コンテンツ販売」ですが、これは**「ネット販売」**が最も適しているでしょう。

販売用に新たに収録するのもよいですが、実際に行なったセミナーを収録したほうが、臨場感もあり手間も省け、一石二鳥といえます。

既存客に教材を販売する

セミナーの集客と同じように、既存客（自社リスト）に向けて、ニュースレターとメールで告知していきます。

販売する教材は、たとえばCD・DVD教材ならテキストを付けるのが一般的でしょう。

最近はYouTubeに動画をアップして、限定公開設定で配信する方法も増えています。

価格は数千円から一万円、二万円程度が比較的売りやすいといえます。

コンテンツ販売の良い点は、時間と場所を飛び越えられることです。セミナーはライブで学べるため、知識の吸収率は高いといえますが、時間的・場所的な制約から参加したくてもできない人がいます。それがコンテンツ販売により、潜在客を掘り起こして収益を高めることが可能になります。

購入者に別の提案・販売をする

教材の購入者は、基本的にマイナンバーに興味がある人です。ということは、さらに何かしらの商品・サービスを買ってもらえる可能性があります。

ここで考えられるのが、次のような流れです。

まず、**「上級編」の教材**です。「発展編」とでもいえばよいでしょうか。「総論を学んだら、次はより深い知識を仕入れましょう」ということです。

次に、**セミナー**です。「教材で知識は学んだけれど、実際にどうしたらいいかわからない」という人に向けて、ワーク形式のセミナーを行ないます。これは、ある意味では「上級編」といえます。

最後に、**コンサルティング**です。購入者に、まずは「現場の悩みの無料相談を受けます」と申し出ます。そこから具体的なコンサルティングを提案していくことになります。

idea 5

規定・書式で稼ぐ

マイナンバーの導入で、それに対応した規定や書式の整備が必要になることは、マイナンバーのガイドラインや市販の実務書にも書いてあることですし、ある意味では誰でも思いつくことです。

とくに社会保険労務士は、この機会に、就業規則や社内規程の変更・作成業務をぜひ受注すべきです。

しかし、いまでこそ就業規則や社内規程の変更・作成業務はお金になりますが、それもいずれは望めなくなります。

そこで、既存客に対して、マイナンバーの取扱規程など、新しい法定書式の「ひな形」を無償で提供します。その他無償で提供するものには、従業員やその家族からマイナンバーを預かる際の預かり証なども考えられます。

これにより、顧客ロイヤリティを高められるので、顧問契約を継続してくれることがあります。場合によっては、マイナンバー対応のコンサルティングの仕事が取れることもあるでしょう。

一方、新規客に対しては、将来の布石として「書式作成無料サービス」をＦＡＸＤＭなどでオファーします。また、セミナーを行なう際は「参加者に書式プレゼント」と謳ってもよいでしょう。これに反応した人に、「社内規程コンサルティングをします」と提案するのです。つまり、無料オファーからコンサルティングの提案までもっていくという流れになります。

idea 6 ジョイントベンチャーで稼ぐ

「マイナンバーについてある程度の知識はあるが、これまでセミナーをしたことがないので集客に自信がない」という場合もあるでしょう。そういうときには、〝ジョイント〟を行ないます。

自分の足りないものを補うために誰かと組む考え方を「ジョイントベンチャー」と呼ぶことがあります。簡単にいえば、**「共同でビジネスをしかけていく」**ことです。

組む相手によって、「集客する」のか「販売する」のか目的が異なってくるので、そこをよく見極める必要があります。

セミナーなら「集客」担当と「コンテンツ」担当で組む

代表的なジョイント方法は、「コンテンツを持っている人」と「集客できる人」（あるいはどちらもできる人）を組み合わせることです。

セミナーを始めたい士業なら、メルマガを発行しているコンサルタントと組みます。集客はそのコンサルタントに委託し、セミナーは自分が行なって、収益は分けるという考え方です。

重要なのは、弱者同士で組んでも成果は出にくいことです。「一人でやるのが不安だから」と、ただそれだけで組んだとしても、相乗効果は生まれません。

あなたに得意分野がまだないのであれば、せめてマイナンバーの知識を習得してセミナーができるようになってから、誰かと組むことを考えましょう。

ＩＴシステム企業と組む

給与計算ソフトなどを提供するＩＴ業界も、マイナンバーバブルに沸いている業界の一つでしょう。マイナンバー対応システムへの入替需要が増えるので、ＩＴシステム企業にとっても大きなビジネスチャンスです。

大手ＩＴシステム企業では、すでに弁護士なり社会保険労務士なりが顧問になっているることが予測できるので、比較的小さなＩＴシステム企業へ法務顧問的に入っていくのが一つの手です。

あるいは、そのＩＴシステム企業が自社ソフトの啓蒙のためにセミナーをする際に、組んで行なうという方法もあるといえます。

idea 7

セキュリティ対応の給与計算で稼ぐ

士業は「厳密にプロテクトされた情報管理」をアピールするだけでも、新しい付加価値を創造することが可能です。

とくに税理士や社会保険労務士の場合は、ただの給与計算業務でも、どのようにして情報を守っているのかを顧客に具体的かつ明確に説明して、その機密性をアピールします。正直なところ、作業自体は変わらないのですが、こうしたアピールを加えるだけで、給与計算業務の付加価値を高め、報酬額を上げることができます。

このことに限らず、士業が担う機密保持の重要性については、顧客にもっとアピールすべきでしょう。

税理士や社会保険労務士はいままで、資格がなくてもできる給与計算業務などを安価に受ける傾向がありましたが、その単純な作業に対する賃金だけでは割に合わなくなってきています。ですから、個人情報を取り扱うことで発生するリスクと士業の役割を考慮した報酬額を初めから要求するべきなのです。

idea 8

従業員家族向け説明会で稼ぐ

クライアントの従業員の家族向けに「マイナンバー説明会」を行なって、顧客ロイヤリティを高めるというアイデアです。

中小企業がクライアントである場合、その従業員の家族のなかには、自分のマイナンバーの扱われ方に不安を感じている人も多いと思われます。だからこそ企業が、従業員に対してだけでなくその家族にも「こうして情報を守っている」という情報を共有してもらう努力をすることに価値が生じるのです。

クライアントに対して、従業員家族向け説明会を行なう以外にも、個人情報の管理などについて解説したパンフレットを作成することなどができるでしょう。それを士業やコンサルタントが代行するのです。

これによって、従業員の会社への帰属意識や満足度を高めていくことができ、結果としてクライアントの満足度も高めることが可能になります。

idea 9

コンサルティングで稼ぐ

オールインワン型

マイナンバー対応のコンサルティング契約を締結するためには、顧客との接点をつくる必要があります。

既存客には提案しやすいとはいえ、高額契約を提案してしまうと、中長期的には顧客離れにつながる危険性があります。そこで、既存客にはオプション的な契約を提案するか、「割引価格」のような顧客ロイヤリティを高める方法をとるのが賢明です。

一方、新規客相手なら新たなビジネスチャンスですから、積極的に高額契約を提案していきたいところです。

既存客にストレートにコンサルティングを提案

マイナンバー対応のコンサルティングはニーズがあるため、多少ストレートな提案でも通る可能性があります。

他の案件との組み合わせが思いつかない場合、あるいはセミナーを行なう時間がない場合などは、ここから始めるとよいでしょう。

既存客に案内を出す際には、「マイナンバー施行のお知らせ」というタイトルでニュースレターやメールで告知し、「相談を無料で受けています」と明記して、商談の場を設けるのがよいでしょう。

マイナンバー対応のコンサルティングで必要になるのは、周知業務や書類作成業務、管理業務といったところです。相手からヒアリングをし、どの部分までコンサルティングを行なうべきかを聞き出して、それから提案をしていきます。その作業のボリュームによって、金額を決めていけばよいでしょう。

ＦＡＸＤＭで新規客を見つけ、チャンスを拡大

新規客を見つけるための有効な手段としては、ＦＡＸＤＭがあります。ＦＡＸＤＭで打つべきは、**無料セミナーの案内**です。

セミナーの場合、最初はとにかく無料で行ない、参加者を集めます。それが終了し

てからが営業の本番になるのですが、まずはセミナーの中身が重要です。

セミナーの内容は、マイナンバー対応の濃いノウハウが話せればそれに越したことはありません。ただし、それよりも重要なのは、**「マイナンバー対応をしなければならないと思ってもらう」**ことにあります。ですから、マイナンバー対応のメリットとデメリットを何よりもきちんと伝える必要があるわけです。

セミナーでマイナンバーの知識を得ても、顧客はまだ動きません。法律的な要件を伝え、マイナンバー対応の必要性を強く訴えかける必要があります。

この後に紹介するように、無料セミナー後の営業のやり方はいくつもありますが、あなたの得意な手段を選べばよいでしょう。

無料セミナー後に面談の申込みを促す

一つは、無料セミナー後に、参加者に面談の申込用紙を配布し、その場で面談を申し込んでもらう方法です。

具体的には、申込用紙に面談希望の日時を第三希望くらいまで記入してもらい、後日こちらから連絡してアポイントを取ります。とりあえず、参加者には「仮の申込み」でもかまわないので記入してもらい、相談の意思があるかどうかを確認しておけば、後日アポイントにつなげることができるので有効です。

もう一つは、無料セミナー当日に、参加者に面談を申し込んでもらうのではなく、後日こちらから連絡してアポイントを取る方法です。一人ひとりに時間がかけられる場合には、これも有効な手段になります。

セミナー会場で申し込むのは、参加者にとって少し勇気のいることです。「もし、申し込むのが自分だけだったらどうしよう」と考えるのはいかにも日本人らしい発想かもしれませんが、複数の人がいる前で堂々と申し込むのは気が引けるでしょう。

そこで、セミナーの最後に参加者からアンケートを取っておきます。回収したアンケートの記述を見て、アポイントの連絡を入れる優先順位を決めていくのです。

まず、「すぐにでもお願いしたい」「急ぎでやりたい」というような具体的な回答を寄せている参加者の場合、なるべく早くアポイントを取ります。

次に優先順位が高いのは、好意的なアンケートを書いてくれている場合です。こういった参加者にも早めにアポイントを取ります。

アポイントを取る名目としては、**「セミナーのお礼と情報交換を兼ねまして、何か**

お役に立てることがあれば、お目にかかってお話を……」といったライトな雰囲気を打ち出すのがよいでしょう。最初からあまりにも商売っ気が強いと、反発される恐れがあります。あくまでも「もしよろしければ、役に立ちたい」というスタンスで臨むことが重要です。

短期契約を提案する

コンサルティング契約というと、どうしても「一年契約」をイメージしてしまいますが、今回のようなビジネスチャンスではそれよりも短期契約で早く進めてしまうのも一つの手です。

相手の求めているマイナンバー対応に合わせて、**「三か月から半年程度で一度契約が終わる」**ことを初めから伝えると、成約率は比較的高くなると考えられます。

マイナンバー対応のコンサルティングは急を要し、一年もかけて行なうものではないため、短期契約のほうが重宝されるのは間違いありません。

契約が取りやすいスタンダードな金額は、事業の規模にもよりますが、中小企業であれば月額五万円～一五万円程度です。これが、企業側にとっても依頼しやすい金額だといえます。

相談顧問（保守的契約）を提案する

短期である程度の契約が取れ、コンサルティングが終了したとしましょう。そうすると、次は「相談顧問」の契約が取りやすくなります。「一応、マイナンバー対応はできたけれど、実際の運用になったらどうしていいかわからない。不安だ」という声に応えることができるのが相談顧問です。

すでに短期契約のコンサルティングで、あなたの実力は理解されているはずです。あなたが良い仕事をしていれば、何かあったときのために引き続き相談したいと考える企業も出てくるでしょう。

そこで、月額一万円〜三万円程度で、システム保守費的な意味を含んだ相談顧問を提案します。これで継続収入を増やしていくのです。

ミックス型

ところで、マイナンバー対応を求める企業も、興味関心がマイナンバーに限られているわけではないでしょう。人事や資金繰りなどの問題に頭を悩ませているケースもあるはずです。

そこで、マイナンバー対応のコンサルティングを提案しながら、他の悩みや希望がないかヒアリングしていくことが重要です。

マイナンバー対応のコンサルティングの順番を変える

マイナンバー対応のコンサルティングを企業に提案しつつ、他の悩みがないかヒアリングしていったとき、「困った社員がいて悪影響が出ている」などの問題が見つかったとします。

そうした問題を早急に解決しなければならない場合は、マイナンバー対応のコンサルティングの優先順位を下げてもかまいません。目の前の問題解決を先に提案するのです。

マイナンバーの仕事は基本的に逃げないですから、顧客が本当に困っている問題をいち早く解決する提案を行ない、そのうえでマイナンバー対応のコンサルティングを提案するほうが、顧客にとっても有益です。

すべてを含めたコンサルティングを提案

マイナンバー対応に限らず、悩みがいくつもあり、いずれの悩みも緊急ではない場合には、すべてを含めたコンサルティングを提案するのも一つのアイデアです。

「マイナンバー対応にも困っているけれど、人事評価をつくれないまま何年も経ってしまって困っている」という場合には、その企業が抱えているさまざまな問題をまとめて解決できるようなプランを提案することも有効です。

マイナンバー対応だけではなくなるので、一年契約など、少し長期間のプランでも契約を取りやすくなります。

マイナンバー対応後に別の案件を提案

「マイナンバー対応を緊急で進めたい」という企業に対しては、他のニーズや悩みをのんびり聞いている場合ではないでしょう。そこで、マイナンバー対応のコンサルティングが終了してから、別の案件を提案することになります。

このアイデアのポイントは、**「マイナンバー対応を急いでいる企業に対して、他の提案を無理強いしないこと」**です。

重要なのは、相手が求めていることを理解したうえで、求めているものを提案することです。それが、コンサルティングを成約させる重要な考え方になります。

その他型

パッケージコンサルティング

前章で説明しましたが、パッケージコンサルティングはコンサルタントを陳腐化させるので、基本的にはおすすめしていません。企業の悩みは多様化しているため、ひとまとめにしたパッケージは役に立たないことも多いのです。

しかし、マイナンバー対応に関しては少し状況が違い、ワンパッケージにして提案できる可能性は非常に高いです。その理由として、「マイナンバー対応に関する悩みが、ほぼ画一化されていること」「従業員数の違い以外に、企業による差が少ないこと」などが挙げられます。

そこで、マイナンバー対応を従業員数別に提案するパッケージコンサルティングも、今回に限っては通用します。**「従業員一〇人以下なら五万円、二〇人以下なら一〇万円」などとして、セミナーや研修もセットにしてしまう方法です。**

ただし、こうしたやり方は徐々に低価格化に向かっていくことが多いので、低価格を売りにした同業他社のライバルが出てきた場合には、撤退するか、高額契約にシフトチェンジする工夫が必要になってきます。

超低額コンサルティング

いわゆる「**FREE戦略**」のような考え方です。つまり、マイナンバー対応のコンサルティングを、無料か無料に近い形で実施するのです。

コンサルタントとしては、おそらくマイナンバー対応のコンサルティングが一番の稼ぎどころではあるでしょう。しかし、他の案件でも高額契約が取れる自信があるなら、マイナンバー対応のコンサルティングを思い切って無料で請け負うのも一つの選択です。そうすれば、顧客は簡単に獲得できます。

ただし、作業量や時間に応じたその後のコンサルティングの進め方をしっかり考えておかないと、〝骨折り損の無料奉仕〟になってしまうことも十分考えられるので、自分のスキルに応じて戦略を練ってみてください。

idea 10

社会保険の手続きで稼ぐ

企業の社会保険料のごまかしなどのズルや怠慢《たいまん》は、マイナンバーが導入されれば早々にバレてしまいます。それまで制度に未対応で、社会保険料のごまかしがあった企業などに対して、二〇一六年二月～三月くらいには「社会保険を払っていないだろう!」という指導が入るでしょう。

社会保険労務士は、社会保険未加入企業に対して「これを機に加入しましょう」と、ストレートに手続きをすすめることもできるでしょう。

既存客に社会保険加入が促進される旨を伝える

既存客については、ふだんから月一回の訪問などがあるのであれば、そのときに社会保険加入が促進される説明をして、手続きの相談に乗っていくというオーソドックスな提案で十分だと考えられます。

ですから、既存客に対しては、その旨を伝える際に**「相談を無料で受け付けている」**

ことを示して、商談の機会を増やすような提案をしましょう。そして、実際の商談でヒアリングしていきます。

社会保険加入の話題は、マイナンバー対応のコンサルティングや顧問契約、法定業務のフロントエンド商品（集客商品）として使うことができる性質のものだと考えればよいでしょう。

新規客には「社会保険未加入対策」を提案

新規客に対して、ＦＡＸＤＭを使って「社会保険未加入のあなたのための対策セミナー」というような提案を行なうのもよいですが、さすがにストレートすぎて参加しにくいでしょう。

理由は言うまでもなく、法律上は強制加入になっているのに未加入であることを、参加することによって公言してしまうようなものだからです。

ですから、新規客には「個別相談」「資料請求」などのオファーを前提にします。

もしくは、さまざまな場所で会った経営者や担当者に「商談の場でのふとした話題の一つ」としてさりげなく提案するのが、適切だといえます。

idea 11

助成金の申請で稼ぐ

社会保険労務士の場合、社会保険未加入でいまから対策を行なう企業に、早めの計画や行動を促す「社会保険コンサルティング」を提案することも一つのアイデアになります。

その際、**資金繰り的に厳しいというのであれば、助成金が取れないかどうか検討するのも一手です。**

ところで、実際に勧告を受けた場合に、社会保険料負担の従業員への説明を代行するといった業務も考えられます。なぜかといえば、給与支給額に応じて社会保険料負担が増えると、従業員から見れば手取りが減ることになります。その説明を社長自身がすると「言い訳」のように聞こえてしまうので、それを第三者の立場で代弁してあげるということに価値が生まれるのです。

idea 12

融資のサポートで稼ぐ

社会保険加入の際には、会社の負担が大きくなります。そのため、加入する方向で考えたとしても、資金繰りが厳しくなってしまう企業もあるでしょう。

それで資金需要が出るのですが、**助成金の申請では社会保険労務士、融資のサポートでは税理士や行政書士の出番になります。**

既存客、新規客どちらにもいえることですが、社会保険未加入が発覚し、行政から指導が入ったとなれば、猶予はありません。いますぐ加入しなければ二年間遡《さかのぼ》って社会保険料を徴収されるケースもありえます。そこで、「入らなければならないが、お金がない」という切迫した状況になってしまうのは目に見えています。

お金を借りるには時間がかかります。日本政策金融公庫や銀行などにかけ合っても、即日借入れができるわけではありません。場合によっては数か月かかることもあります。

そして何より、借入れは会社の業績が良いときでないとできないことがほとんどです。金融機関にしても、赤字経営でお金を借りても返せないようなところに貸すよりは、きちんと返してもらえそうな黒字の優良企業に貸したいものです。

ですから、「いずれは社会保険に入らなければならなくなるので、いまから資金計画をしっかりして、備えませんか？」という提案をしていくのがベストになります。

ところで、マイナンバー対応はすべての企業の義務であり、社会保険加入を理由にした融資が下りるかどうかの判断はむずかしいといえます。**あくまで資金繰りを踏まえたうえで、建前上は他の理由による融資の道を探すことになるでしょう。**

融資にしろ助成金にしろ、あくまでその制度の趣旨に則って借入れ、運用していくことを、本筋として忘れないようにしたいものです。

idea 13 優良企業認定で稼ぐ

中小企業の社会保険加入が促進されることに伴って、より拍車がかかると見られるのが、企業の「ホワイト化」要求です。そこで、企業のホワイト化手続きや、コンサルティングの需要が増えることになるでしょう。

昨今、過重労働による従業員の自殺やメンタルヘルスの問題を起こした、いわゆる「ブラック企業」と呼ばれる企業が社会問題になっています。

もちろん、給与が高くない、残業が多いといったことが、必ずしもブラック企業と呼ばれる要因になるわけではありませんが、インターネットやソーシャルメディアの普及により、従業員の内部リークから告発されるケースも増加しています。

あえてわかりやすい言い方をすれば、世の中では「ブラック企業を潰せ」「ブラック企業は存続させるべきでない」という声が、かつてないほど上がっています。

そこにマイナンバーの影響も加わって、企業のホワイト化要求がますます高まっているのです。

残業管理、メンタルヘルスケア、パワハラ・セクハラなどのハラスメントの撲滅《ぼくめつ》、福利厚生など、企業のホワイト化に必要な対応は多数あります。ですから、こうしたホワイト化への相談や、コンサルティングの需要が増えると見込まれます。

現在の日本は少子高齢化社会です。言い換えれば働き手が少ない、つまり企業の求人よりも、求職者のほうが圧倒的に少ないのです。そのため、ホワイト企業の求人に応募が集中するのは言うまでもありません。

今後の企業の採用戦略のためにも、企業のホワイト化は重要であり、マイナンバーの導入がそれをいっそう促進するでしょう。

二〇一五年六月から、厚生労働省による**「安全衛生優良企業公表制度」**が始まりました。二〇一四年末はこの話題で企業も少し盛り上がったのですが、マイナンバーバブルによって消し飛んでしまっています。

とはいえ、マイナンバーの導入をきっかけにした情報管理体制の構築や、社会保険加入の流れを考えると、いずれ企業はホワイト化していかなければ良い人材採用ができず、商取引そのものもむずかしくなる可能性があります。そこで、将来的には**「優良企業認定」**の提案が活きてきます。

このことがマイナンバー対応と根本的に違うのは、「優良企業認定は義務ではない」ということです。絶対に取らなければならない認定ではないからこそ、そのための**助成金の申請を合わせて提案する**のが得策です。

社会保険労務士に限られますが、「職場環境改善助成金」「ワークライフバランス推進助成金」のように、職場の労働環境を良くするための助成金の申請を並行して提案していくことで、企業も「お金がもらえるなら」と腰を上げることになります。このような「義務でない認定」については、他のメリットと併せて攻めることがポイントです。

よほど余裕と理念のある企業なら、これらの認定をマイナンバーとまとめて行なう可能性もありますが、多くの企業はマイナンバー対応だけで手一杯でしょう。そう考えると、マイナンバー対応で忙しい時期にこの提案をするのは、時期尚早です。少し落ち着いてきた頃にしかけていくと、今度は「新しい情報」として企業に受け入れられるでしょう。

idea 14

Pマークや ISMSで稼ぐ

マイナンバー対応が企業にとっての急務となり、社内への周知や、社内規程の修正・作成、運用上の問題への対処が、企業側のニーズになっています。

その流れの延長上で、個人情報の管理と保守を徹底し、ホワイト化を図ることによってビジネスの増加や採用効率を高めるための戦略も、企業にとっては重要になってきます。

そのための企業の対策が、**Pマーク**の取得であり、**ISMS**の取得です。ですから、これに関するコンサルティングを提案していくことも、アイデアとなります。

しかしながら、PマークやISMSの取得にはお金も労力もかかり、これだけで業績が伸ばせる性質のものでもないため、企業側が二の足を踏む恐れがあります。そう考えると、**まずはマイナンバー対応、次に情報管理体制の重要性を説く**という順番を守った後で、提案するべきです。

注意したいのは、少なくとも従業員五〇人以上の企業でないと、取り組む必要性も余裕もないことです。小さな会社への提案には不向きといえます。

なお、これについては、社会保険労務士なら**対応資金源の確保のための助成金の申請**を並行して提案すれば、成約率が高まっていくでしょう。

idea 15

〝プチPマーク〟で稼ぐ

ところで、Pマークは取得に一〇〇万円かかります。ISMSの取得になると、五〇〇万円という多額の費用がかかることもあります。

もちろん、法的に求められるのはこれくらいのセキュリティレベルなのですが、実際に企業がそのコストを支払うのは大変です。

だからこそ、その簡易版の**〝プチPマーク〟**をつくって、ライセンスの発行元になるというビジネスが考えられます。

つまり、**新しいルールに則った新しい資格を独自につくって提供してしまう**というアイデアです。これを最初にやりとげて圧倒的にシェアを獲得した人は、大きく得をするでしょう。

idea 16 副業の労務管理で稼ぐ

人にはさまざまな事情があります。正社員として企業に勤務しながら、どうしても収入を増やさなければならないため、終業後に会社に黙ってどこか別の企業や店舗でアルバイトをしている人もいるでしょう。

最近では、「副業をしてもいい」と公言する企業もありますが、やはり従業員の副業を禁止している企業のほうが一般的です。そのため、副業が会社にはバレないように、こっそり行なっている人が多いといえます。

これまでも「会社にバレてしまった！」という人は多数いると考えられますが、なぜバレてしまうかというと、大概それは**住民税の特別徴収**からです。サラリーマンの住民税は、通常は企業に請求が行き、給与から天引きして支払いをしていますが、特別徴収がかかることによって副業が発覚してしまうことがあるのです。

副業をしている個人がサラリーマンである以上、高額な相談料やコンサルティング料は見込めず、ビジネス的にはビッグチャンスではないのかもしれません。

しかし、逆の立場である企業に対しては、どうでしょうか。

従業員の副業を禁止している企業は数多くありますが、その実態が露呈したときの対応や処遇などについて、標準的な規則しか設けていないのが現状です。副業をしている従業員をどう扱うかは大きな問題で、副業をしていても会社に迷惑をかけていない場合は、それをもって処罰することはできないのが実情です。

そこで考えられるのが、**社会保険労務士が「企業の副業管理担当」になることです。**副業をしている従業員が相談できる第三者窓口となり、企業に代わって会社に迷惑をかけない副業になるように指導します。

社会保険労務士がこのような調査・管理を行なうことにより、黙認の範囲を逸脱した副業を未然に防げるのと同時に、企業側が対象社員への個別対応を検討することも可能になります。

なお、組織や人材に関するコンサルティングを行なうのに特別な資格は不要ですが、就業規則の変更・作成には社会保険労務士の資格が必要です。

idea 17

相続・贈与の相談・コンサルで稼ぐ

二〇一八年から、任意ではありますが銀行の預金口座とマイナンバーの紐付けが開始される予定です。現段階では必ずそうなると言い切れないのですが、いずれ個人の口座がマイナンバーによって管理される時代が来るかもしれません。

そうなると一つの影響として、「贈与税逃れ」ができなくなる可能性が非常に高まるといえます。

もちろん、脱税は違法行為なので奨励されるものではありませんが、現実問題としては行政も、これまで個人間の贈与行為までは把握できずにいました。

しかし、マイナンバーによって銀行の預金口座が紐付けされるようになると、誰が、どの口座に、いつ振り込んだのかを調べることが可能になります。

誰かから財産をもらう場合、年間一一〇万円までは無税とされていますが、一一〇万円以上の金額を別々の銀行の預金口座に分けて振り込むと、税務当局もすべてを把握することはむずかしくなるわけです。ところが、マイナンバーによって簡単に合算できるので、すぐにバレてしまうわけです。

また、いずれ不動産の紐付けも検討されており、資産を持つ人にとっては深刻な対応を迫られるようになります。

このあたりは、今後のマイナンバーの動向を見守っていくしかないわけですが、いまからできるビジネスもあります。税理士なら、この事実を踏まえて、いまから相続、贈与、財産分割などの相談を受け、コンサルティングを行なうことです。

しかしながら、個人に対してこうした提案を行なうのは至難の業です。なぜなら、個人の財産リストはほとんど公開されていないからです。

既存客、自社リストに個人が多ければ、その個人宛にＤＭなどを送ることができますが、そうでなければできません。

その代わりに活用できるのが、**「配達地域指定郵便」**です。この郵便は、決まった地域内にまとめてＤＭが送れるというもので、郵便局が取り扱っています。それを利用すれば、任意の地域内の個人宅にＤＭが送れるのです。

こうした手段を使って集客し、相続税・贈与税の相談会を開いて、将来的な顧客を探しておくのも一つのアイデアになります。

idea 18

「マイナンバー情報漏洩対策センター」で稼ぐ

マイナンバー情報は、企業がどんなに万全を期しても、漏洩する可能性はゼロではありません。従業員が漏洩させて困ってしまう状況も十分に考えられます。

それを見越して、**「マイナンバー情報漏洩対策センター」**をウェブサイト上につくるとよいでしょう。いわば、困ったときの〝駆け込み寺〟です。

政府にもマイナンバーのことを相談できる事務局はありますが、法律的なことから、リスクマネジメント、今後の企業の舵の切り方までアドバイスできる専門家集団が民間にもあれば、いざというときに頼りになる存在として認知されるでしょう。

万一トラブルが起これば緊急相談が必要になると考えられるので、成約率も高いと見込まれます。

idea 19

各業界に特化したマイナンバー専門家で稼ぐ

業界ごとに労務管理は違います。企業としては、できるだけ自分の業界に精通した人に取り扱ってほしいと考えるでしょう。

そこで、建設業界専門、飲食業界専門など、業界に特化したマイナンバー専門家を名乗るのも一つのアイデアです。

たとえば、外国人の雇用が多いコンビニ業界では、マイナンバーは就労ビザにも影響してくるため、就労ビザにも詳しい専門家にお願いしたいと考えるものです。

さらに、マイナンバーの利用が検討されている医療・介護業界、自動車業界などと早めに仕事を始めることによって、先手を打つことも可能です。

idea 20

士業事務所への情報管理体制構築コンサルで稼ぐ

士業だからといって、どの事務所もマイナンバーや個人情報保護法に詳しいわけではありません。そこで、士業に対して情報管理体制構築のアドバイスやコンサルティングを行なうこともビジネスになります。

基本的には、第3章で説明したプライバシーポリシーの策定、インターネット上のセキュリティ、物理的セキュリティの対策などを講じていきます。

士業業界は、他の業界と比べてＩＴリテラシーが決して高いとはいえません。実際にインターネット関連のセキュリティ対策に悩んでいる士業は多く、潜在的なニーズがあると考えられます。

マイナンバービジネスの「やってはいけない」

ここまで、マイナンバービジネスの具体的なアイデアを紹介してきました。最後に逆の視点から、マイナンバービジネスを考えておきましょう。つまり、マイナンバービジネスに取り組む際に「やってはいけないこと」です。

小冊子・レポートなどの執筆

新しく顧客名簿（自社リスト）を集めるためのオーソドックスな手法は、小冊子やレポートなどを提供する代わりに氏名やメールアドレスを登録してもらうことです。これはたしかにいまでも効果のある手法ですが、**「自分で執筆」しようとすると、時間がかかりすぎます。**

あなたが一日で五〇ページも一〇〇ページも執筆できる作家のような才能を持っていれば別ですが、通常はそんな執筆スピードは不可能でしょう。最近は無料のものでも充実した小冊子やレポートを提供している士業やコンサルタントも多く、ボリュームの少ないものは魅力に欠けてしまいます。

だからといって、執筆に時間をかけ、数か月から半年くらいかかっていては遅すぎます。

ですから、もしこのようなマーケティングをしかけたいなら、セミナーの模様を撮影したり、ＩＣレコーダーに吹き込んだりして、**映像か音声の形式を選んだほうが賢明です。**

ところで、収録した映像や音声を文字に起こして小冊子やレポートにする方法もありますが、そのままでは読みにくいので結局は編集が必要になり、やはり時間がかかります。文章にするのは余裕があるときだけにしたほうがよいでしょう。

継続的な勉強会

絶対に成功しないとは言い切れませんが、継続的な勉強会は、マイナンバービジネスには向いていないといえます。

たしかに勉強会も継続収入が見込めるアイデアです。しかし、マイナンバー対応は企業にとって急務であり、のんびり知識を蓄えていて間に合うものではありません。

ですから、できるだけ短期間で効率的に、確実に効果が見込めるものでなければ意味がないのです。

二年前、三年前なら可能性はあったかもしれませんが、継続的な勉強会は、「即時対応」を求められるチャンスには適していないといえるでしょう。

必要以上の勉強

もちろん、勉強をすることは大事です。セミナーを行なう場合には、細かい知識まで押さえておく必要があります。

しかし、今回のチャンスをつかみたいなら、**「深い学習」は出遅れのもとです。**

とくに士業に多いのですが、「相談、質問されて何かわからないことがあったらどうしよう」と不安になり、勉強から抜け出せないようです。

欲を言えばセミナーも、参加者の質問にすべて答えられるほど万全の準備で臨みたいところですが、なんといっても時間がありません。いまこうしている間にも、ライバルはさまざまなマーケティングをしかけているのです。

ですから、**勉強は「広く浅く」**です。マイナンバーの概要は押さえておかなければなりませんが、実際にセミナーを請け負ったときに、必要な知識を詰め込めばよいのです。

具体的には、**①マイナンバーの概要を大まかにつかんで、②マーケティングをしかけ、③顧客の反応を見ながら知識を増やし、④セミナーの仕事が取れたときに限りなく完璧に近い知識にしていく**、という流れです。

マイナンバーはまだこれからの制度です。そういう意味では、政府や厚生労働省、国税庁でさえ初めて取り扱うことになり、誰も知識はまだ完璧ではないのです。

勉強に逃げることなく、マーケティングを優先させることで、このチャンスをモノにすることができます。

個人情報保護系（高難易度）の資格勉強

一般財団法人全日本情報学習振興協会により、**「マイナンバー実務検定」**が始まりました。一級、二級、三級という等級があり、それぞれ難易度が異なります。

この団体は以前から、個人情報保護法に基づいた「個人情報保護士」という資格試験を開催しています。この法律の施行から一〇年間で五万人以上が個人情報保護士の資格を取得しています。

第3章でも述べたように、「マイナンバーに関して勉強をするついでに、資格も取ってしまおう」という考えは間違いではありません。自分の能力を口で説明しなくても肩書きだけで伝わりますから、資格はないよりあったほうが有利といえます。

しかし、難易度が高い資格試験をいまから受験するのは、火急のビジネスチャンスには向きません。勉強している間に、せっかくのチャンスが逃げてしまいます。

それに、資格試験を受験しようとすると、目的が「合格」になってしまうことが多いものです。初級試験に合格すると、上級試験を目指したくなるものですが、それでは本末転倒です。

本来の目的は**「いまこのチャンスをどうつかむか」**なのです。

もしもあなたが、いまから資格合格を目指すのであれば、比較的難易度が低いものを選択するべきです。そうすれば、最も効率よく自分のブランディングにつながり、知識も身につくという、まさに一石二鳥になるでしょう。

いまからPマークの取得

繰り返しになりますが、万全の情報管理体制を整えていることは、士業やコンサルタントにとって大きなPRポイントになります。

しかし、これも資格試験と同じで、いまからPマークを取得し、情報管理体制が整っていることを売りにするのは、やはり本末転倒になる懸念があります。時間とお金、労力がかかりすぎるからです。

専門のコンサルティング会社に依頼すれば、最短で一か月程度でPマークを取得できるケースもあるようですが、多くの場合は半年以上かかり、また費用も数十万円以上になるようです。そうした余分な時間と資金、そして労力を割くことは、個人事務所にとって負担になります。

個人情報の保護に関しては、今後いっそう厳しく求められることは確かですから、将来的にPマークを取得することには賛成です。しかし、いまから始めるのであれば、自分の事務所の体制によほど余裕がない限り、出遅れてしまう可能性が高まるので注意が必要です。Pマークを取得するなら、時宜を見ることをおすすめします。

[　マイナンバービジネスの具体的なアイデア　]

誰でもできる（資格は不要）

◇セミナーで稼ぐ
◇研修で稼ぐ
◇講師料・講演料で稼ぐ
◇コンテンツ販売で稼ぐ
◇規定・書式で稼ぐ（※一部、資格が必要）
◇ジョイントベンチャーで稼ぐ
◇セキュリティ対応の給与計算で稼ぐ
◇従業員家族向け説明会で稼ぐ
◇コンサルティングで稼ぐ（※一部、資格が必要）
◇優良企業認定で稼ぐ
◇ＰマークやＩＳＭＳで稼ぐ
◇“プチＰマーク”で稼ぐ
◇副業の労務管理で稼ぐ（※一部、資格が必要）
◇「マイナンバー情報漏洩対策センター」で稼ぐ
◇各業界に特化したマイナンバー専門家で稼ぐ
◇士業事務所への情報管理体制構築コンサルで稼ぐ

資格がなければできない

◇社会保険の手続きで稼ぐ
◇助成金の申請で稼ぐ
◇融資のサポートで稼ぐ
◇相続・贈与の相談・コンサルで稼ぐ

本書の読者限定で、マイナンバー対応済みの規定・書式集（PDF 版）、そしてこの本のアイデアを活かすための「横須賀輝尚 × 馬場亮治の最新対談」（動画）をプレゼントします。今すぐ以下の URL にアクセスしてください。

http://www.rtstars.jp/secretnumber/

※この特典は、予告なく変更させていただくことがあります。ご了承ください。

おわりに

本書は、読者の皆さんに実践していただきたいマイナンバービジネスの「正解」を単純に列挙しただけものではありません。

皆さんに覚えておいていただきたいのは、たった一つ。

ビジネスの定説を鵜呑《うの》みにせず、この本に書いた私たちのアイデアを手がかりに、自分たちのやろうとしていることがどんな結果をもたらすのか、しっかりと考えてほしいということです。それが、変幻自在なビジネスチャンスをつかむのに、絶対必要な考え方になります。

今回のような法改正・新法施行において、白紙の状態からスタートするのが不安なのは、私もわかります。

しかし、**「伝統に勝つのは新しさだけ」**です。この「新しさ」とは、誰かからの情報をただ読み込むだけでは生まれず、自ら考えて、動いて、初めて生み出されるものなのです。

この本を参考に、とにかくトライしてみてください。

最後に、本書に関わってくださった皆様、応援してくださった皆様、そして共著者の横須賀輝尚さん、本当にありがとうございました。

馬場　亮治

【著者紹介】

横須賀輝尚（よこすか・てるひさ）

※第１章・第２章・第４章・第５章

パワーコンテンツジャパン株式会社代表取締役。行政書士。

1979年生まれ。専修大学法学部卒。大学在学中に行政書士資格に合格。2003年、23歳で行政書士事務所を開設し、独立。2005年、労働集約型の士業の仕事（法定業務）からの脱却を目指し、セミナー業務やコンサルティング業務で収益を上げながら、結果として士業の仕事を獲得していく逆転の発想によるビジネスモデルを考案、年収1000万円超を実現する。2007年に士業向けの経営スクール『経営天才塾』をスタートさせ、創設以来、全国延べ1600人以上が参加しており、士業向けのスクールとしては事実上日本一。これまでで２万件以上の士業からの相談メールに回答してきた。著書に『小さな会社の逆転戦略　最強ブログ営業術』（技術評論社）、『資格起業家になる！成功する「超高収益ビジネスモデル」のつくり方』（日本実業出版社）、『お母さん、明日からぼくの会社はなくなります』（角川フォレスタ）など、多数。

馬場亮治（ばば・りょうじ）

※第３章・第５章

グローバルコンテンツジャパン社労士事務所・馬場行政書士事務所・合同会社ランブリッジ代表。The CFO Consulting株式会社取締役。株式会社コール＆システム監査役。特定社会保険労務士・行政書士。

1978年生まれ。日本大学法学部卒。2008年、社会保険労務士、行政書士として独立開業。法定業務と非法定業務を組み合わせて提案する方法により、大手企業との顧問契約を獲得し、開業後２年で月商800万円を突破する。また、社会保険労務士の顧問契約にとどまらず、クライアント企業の役員を兼任することで、業務領域を広げて報酬の引上げを実現。提案力に定評があり、一般的な顧問料の５倍～10倍で契約することも多い。現在は営業を一切しなくても、紹介だけでクライアントを獲得している。2013年、中国・大連に進出し、勤怠管理や給与計算業務などを行なう企業を設立。その後２年で事業譲渡し、大きな売却益を得た。

士業・コンサルタントのための
マイナンバーで稼ぐ技術

2015年11月2日　第1刷発行

著　者　横須賀輝尚　馬場亮治

発行者　土井尚道

発行所　株式会社　飛鳥新社
〒101-0003 東京都千代田区一ツ橋2-4-3　光文恒産ビル
電話（営業）03-3263-7770（編集）03-3263-7773
http://www.asukashinsha.co.jp

印刷・製本　中央精版印刷株式会社

ISBN978-4-86410-443-2

編集担当　江川隆裕